AF396188

CATALOGUE

DES

COINS DU CABINET

DE

LA-MONNAIE ROYALE

DES MÉDAILLES.

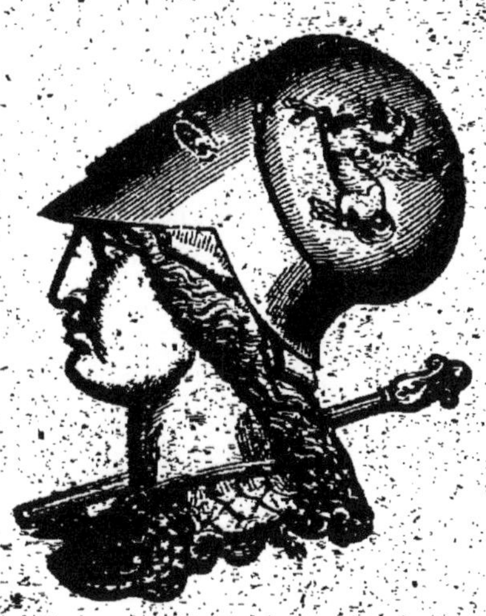

PARIS,

A. PIHAN DELAFOREST,

IMPRIMEUR DE MONSIEUR LE DAUPHIN, DE LA COUR DE CASSATION, ETC.

Rue des Noyers, N° 37.

1828.

CATALOGUE

CATALOGUE

DES

COINS DU CABINET

DE

LA MONNAIE ROYALE

DES MÉDAILLES.

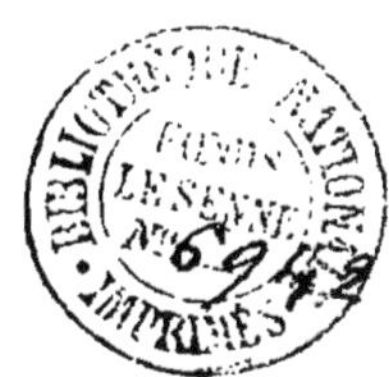

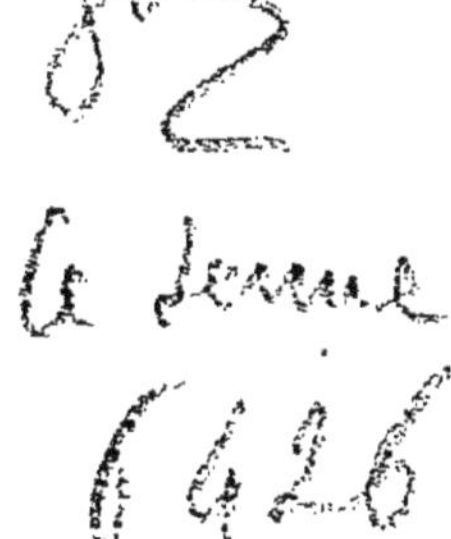

AVIS.

———

Il existe au cabinet de la Monnaie des Médailles une suite de sujets allégoriques ayant pour revers des guirlandes de roses, de myrte, etc. Ces sujets, d'après leur composition et leur emploi, sont connus sous le nom de *Pièces de Mariage*. Ce genre de Médailles remplace les *treize Deniers pour épouser*, qu'un antique usage (existant encore dans le Berry) a placé dans le nombre des cadeaux. Ces pièces comme l'anneau sont bénites par le prêtre. Le denier variait dans son prix suivant le métal, et les pièces de monnaie données dans le Berry varient dans leur valeur, suivant la fortune des époux. Les pièces de mariage peuvent aussi, en raison de leur module et du métal, éprouver les mêmes modifications.

Il existe aussi une suite de bustes de S. M. et de sujets allégoriques ayant pour revers des couronnes d'olivier, etc., destinés à être donnés comme Médailles de prix et d'encouragement. Ces mêmes bustes, de forme soit ronde soit octogone, sont prêtés sans rétribution aux sociétés qui n'ont que les revers des jetons distribués ordinairement dans leurs réunions.

On trouve aussi une suite de jetons de tous les Rois de France et de jetons de jeu de sujets variés.

CATALOGUE

DES

COINS DU CABINET

DE

LA MONNAIE ROYALE

DES MÉDAILLES.

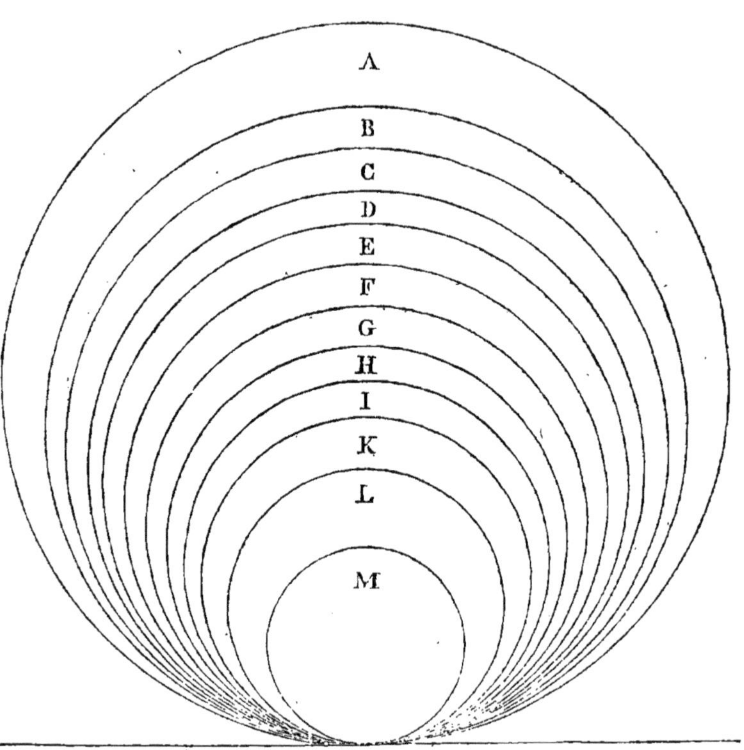

Dimensions conventionnelles.

TARIF *du Prix des Médailles, Jetons, etc., en Or, Platine et Argent.*

MÉTAUX.	TITRES.	MÉDAILLES, PIÈCES DE MARIAGE, etc.	JETONS		
			A PANS.	A VIROLE.	CORDONNÉS.
Or......	916 millièmes.	3,600 f le kilogr.	Idem...	Idem...	Idem.
Platine..	Pur..........	De 1,100.......	Idem...	Idem...	Idem.
Argent..	950 millièmes.	280 do.....	Idem...	260 f...	240 f.

TARIF *du Prix des Médailles et Jetons en Bronze, suivant leur Module ci-contre.*

INDICA-TIONS.	MODULE.	PRIX. AVEC DES COINS de la MONNAIE.	AVEC DES COINS FOURNIS.	INDICA-TIONS.	MODULE.	PRIX. AVEC DES COINS de la MONNAIE.	AVEC DES COINS FOURNIS.
A....	36 lignes.	12 f » c	6 f » c	K....	16 lignes.	2 f » c	1 f » c
B....	32 do..	10 »	5 »	L....	12 do..	1 50	» 75
C....	30 do..	8 »	4 »	M....	Au-dessous.	» 50	» 25
D....	28 do..	7 »	3 50				
E....	26 do..	6 »	3 »				
F....	24 do..	5 »	2 50				
G....	22 do..	4 »	2 »				
H...	20 do..	3 50	1 75				
I.....	18 do..	3 »	1 25				

JETONS { à Pans........ » 80
à Virole...... » 50
Cordonnés.... » 30

COLLECTION des Portraits des Rois de France, de 70 Jetons. Prix........ 36 »

Ce Catalogue n'est que provisoire et seulement destiné à la vente; on travaille à en faire un autre historique et raisonné.

CATALOGUE

DES

COINS DU CABINET

DE

LA MONNAIE ROYALE

DES MÉDAILLES.

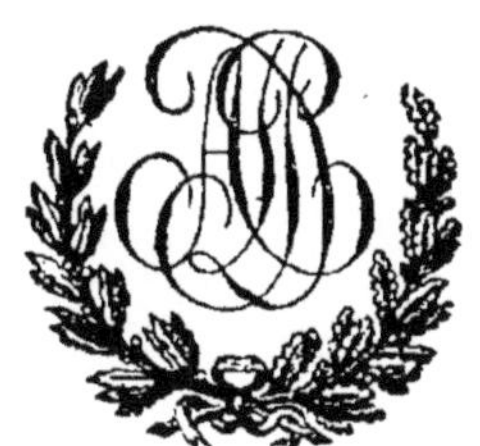

PARIS,

A. PIHAN DELAFOREST,

IMPRIMEUR DE MONSIEUR LE DAUPHIN ET DE LA COUR DE CASSATION,

Rue des Noyers, N° 37.

1828.

CATALOGUE

DES

COINS DU CABINET

DE

LA MONNAIE ROYALE

DES MÉDAILLES.

———○———

RÈGNE DE CHARLES VIII.

1. Le Roi sur un char de triomphe. — Exergue : S. C. — Revers : une Vache foulant des épis de blé. Module : 16 lignes.

RÈGNE DE LOUIS XII.

2. Son Buste. — Légende : *Ludovicus XII. Dei g. Franc. rex. Mediolani dux.*— Rev. Un Porc-Epic. Lég. *Semper Augustus victor triumphator.* Module: 26 lig.

3. Le Buste du Cardinal d'Amboise.—Rev. La ville de Milan. Lég. *Salvat ubi lucet.* 1500. Ex. *Mediol.* Mod. 24 lig.

4. 2ᵉ Rev. Les Attributs Pontificaux. Lég. *Tulit alter honores*. Ex. 1503. Mod. 24 lig.

5. LE BUSTE DU ROI. — *Ludo. Franc. regni q. Neap. rex.*—Rev. Les Armes de France. Lég. *Perdam Babillonis nomen*. Mod. 12 lig.

RÈGNE DE FRANÇOIS Iᵉʳ.

6. Son Buste —*Franciscus I, Francorum Rex.*—Rev. Deux Globes. Lég. *Unus non sufficit orbis.* Ex. 1515. Mod. 24 lig.

7. 2ᵉ Rev. Des Trophées d'Armes. Lég. *Vici. ab. uno. Cæsare. victos.* Ex. *Marignan.* Mod. 24 lig.

8. 3ᵉ Rev. La Paix de 1519. Lég. *Pace stabilita et recepto a Britannis Tornaco.* Ex. 1519. Mod. 24 lig.

9. 4ᵉ Rev. Le Buste de François Iᵉʳ avec la Barbe. Mod. 24. lig.

10. LE BUSTE DU PAPE PAUL III. —Rev. Jésus chassant les Vendeurs du Temple. Ex. *Domus mea do. or.* Mod. 16 lig.

* Il existe au cabinet de la Monnaie des Médailles plusieurs poinçons dont les coins sont perdus , et dont l'usage ne peut être déterminé. Des recherches faites à la Bibliothèque du Roi par M. A. de Puymaurin, directeur de la Monnaie royale des Médailles, ont fait retrouver l'emploi de quelques-uns d'entre eux, et les coins ont été restitués au moyen des médailles du temps et des poinçons qui avaient servi à enfoncer les coins primitifs.

Cette observation s'applique à tous les coins précédés d'un astérique. Il est à espérer que des recherches ultérieures pourront indiquer l'emploi d'un certain nombre de poinçons dont l'usage n'a pu être connu jusqu'à ce jour.

RÈGNE DE HENRI II.

* 11. LE BUSTE DE HENRI II, armé et casqué. — Rev. La Renommée sur un Globe. Lég. *Sua circuit orbe fama.* 1551. Mod. 16 lig.

12. *Idem.*—Rev. Alliance avec l'Allemagne. Lég. *Et Pace et Bello arma movet.* Mod. 26 lig.

13. *Idem.*—Rev. Ligue pour la Défense de la Liberté germanique. Lég. *Vindex Italicæ et Germanicæ libertatis.* 1552. Mod. 26 lig.

14. *Idem.*—Rev. Les Conquêtes de cette Ligue. Lég. *Ob res in Ital. Germ. et Gal. fortiter gestas.* Ex. *Ex voto pub.* 1552. Mod. 26 lig.

15. *Idem.* — Rev. Diane chasseresse. Lég. *Nomen ad astra.* 1552. Mod. 18 lig.

16. LE BUSTE DE DIANE DE POITIERS.—Rev. Diane foulant aux pieds l'Amour. Lég. *Omnium victorem vici.* Mod. 24 lig.

17. LE BUSTE DU DUC DE GUISE. — Rev. La Défense de la ville de Metz. Lég. *Hæc tibi meta.* 1552. Mod. 24 lig.

18. LE BUSTE DE JULES III. — Rev. Le rétablissement de la Religion en Angleterre. Lég. *Anglia resurges.* Ex. *Ut nunc novissimo die.* Mod. 22 lig.

* 19. LE BUSTE DE HENRI II. — Rev. Le Buste de Catherine de Médicis. Lég. *Katharina de Medicis regina Francorum.* 1555. Mod. 26 lig.

* 20. LE BUSTE DE ANNE DE MONTMORENCY. — Rev. Un groupe de trois Femmes nues. Lég. *Providentia ducis fortiss. ac fœliciss.* Mod. 26 lig.

* 21. LES BUSTES, en regard, DE FRANÇOIS II, alors Dauphin, et DE MARIE STUART, reine d'Écosse. — Rev. L'écusson couronné des Armes de France et d'Écosse. Lég. *Fecit. utraque. unum.* 1558. Mod. 24 lig.

22. LE BUSTE DE HENRI II. — Rev. lisse. Mod. 12 lig.

23. LE BUSTE DE CATHERINE DE MÉDICIS en habits de veuve. — Rev. Une lance rompue (la Mort de Henri II). Lég. *Lacrymæ. hinc. hinc. dolor.* Mod. 24 lig.

RÈGNE DE FRANÇOIS II.

24. Son Buste. — *Francisc. D. g. Franc. et Scot. rex.* — Rev. La Paix avec l'Angleterre. Lég. *Abundantia publica Galliar.* Ex. *Pax cum Anglis.* 1550. Mod. 24 lig.

25. LE BUSTE D'ANTOINE DE NAVARRE. — Rev. La Prudence. Lég. *Adversis. nescia. vinci.* Ex. *Comitia aur.* 1560. Mod. 18 lig.

26. LE BUSTE DU PAPE PIE IV. — Rev. L'Abondance. Lég. *Providentia pont.* Ex. A. B. Mod. 16 lig.

27. 2ᶜ Rev. L'Adoration des Bergers. Lég. *Hodie in terra canunt Angeli.* Mod. 16 lig.

28. 3ᵉ Rev. Un Temple. Lég. *Aqua pia*. Mod. 16. lig.

29. 4ᵉ Rev. Un Édifice. Lég. *Forum carnarium*. Mod.
16 lig.

3o. 5ᵉ Rev. Le Frontispice d'une Église. Ex. *Virgini
Matri*. Mod. 16. lig.

RÈGNE DE CHARLES IX.

31. Son buste armé, couronné de lauriers. *Carolus IX
D. g. Franc. rex*. — Rev. La Renommée. Lég.
Sua circuit orbe Fama. Mod. 16 lig.

* 32. LE BUSTE DE CHARLES IX. — Rev. Son Sacre. Lég.
Remis. Sacra. ac. Saluta. IS. maii. 1561. Mod.
12 lig.

33. *Idem*. — Rev. La Force. Lég. *Major. erit. Hercule*.
Mod. 22 lig.

34. *Idem*. — Rev. La Majorité du Roi. Lég. *Quas
colit lilia firmant*. Ex. *Pietas. justitia*. 1564. Mod.
18 lig.

* 35. LE BUSTE DE CATHERINE DE MÉDICIS en habits de
veuve. — Rev. Les Chiffres de Henri II et de
Catherine de Médicis entourés de lauriers. Mod.
16 lig.

* 36. LE BUSTE DE CHARLES IX. — Rev. Le Buste d'Éli-
sabeth d'Autriche. Mod. 16 lig.

37. LE BUSTE DU PAPE PIE V. — Rev. Le Pape à ge-
noux, accompagné de son clergé. Lég. *Fecit. Po-*

tentia. in. brachio. suo: dispersit. superbos. Mod.
18 lig.

★ 38. Le Mariage de Henri, Roi de Navarre, et de
Marguerite de Valois. Lég. *Æterna quæ
Munda.* — Rev. Leurs Chiffres. Lég. *Constricta
hoc Discordia vinclo.* 1572. Mod. 12 lig.

★ 39. Le Buste de Catherine de Médicis. — Rev. Les
Bustes, en regard, de Charles IX et du duc
d'Anjou, Roi de Pologne. Mod. 16 lig.

★ 40. Le Buste de Henri, Roi de Pologne. — Rev. Un
Soleil couchant. Lég. *Externo. portat. sua. Lu-
mina. mondo.* Mod. 12 lig.

41. Le Buste du Cardinal de Lorraine. — Rev.
L'Agneau Paschal. Lég. *Ortu clarus sine dolo.*
Mod. 18 lig.

RÈGNE DE HENRI III.

42. Son Buste, la Tête couronnée de lauriers. *Henricus III, D. g. Francorum et Pol. Rex.* —
Rev. Le Buste de Catherine de Médicis en habits
de veuve. Mod. 18 lig.

★ 43. Le Buste de Catherine de Médicis. — Rev. Les
Bustes de Henri III, de Charles IX et de François II, placés dans le champ. Mod. 24 lig.

★ 44. Le Buste de Henri III. — Rev. Les Neuf Muses.
Ex. *Felicitas.* Mod. 16 lig.

* 45. Les Neuf Muses. Ex. *Felicitas*. — Rev. Une Boussole et un Gouvernail. Lég. *Ars. jus. gubernat.* Mod. 16 lig.

* 46. Le Buste de Henri III. — Rev. Une branche de Laurier liée à une de Palmier. Lég. *Manet. ultima. Cœlo.* Mod. 16 lig.

* 47. *Idem.*—Rev. Henri III à cheval. Lég. *Talis. Alexandri. Tigrin. superantis. imago:* Mod. 18 lig.

* 48. *Idem.* — Rev. Le Buste de Louise de Lorraine. Mod. 18 lig.

* 49. Le Buste de Louise de Lorraine. Lég. *Lodoïca Lotaræna regina Franc.* — Rev. Henri III à cheval. Mod. 18 lig.

50. Le Buste de Catherine de Médicis. — Rev. La Renommée. Lég. *Æterna Fama.* Mod. 18 lig.

51. Le Buste du Duc d'Alençon. — Le Soleil écartant des vapeurs. Lég. *Fovet et discutit.* Mod. 16 lig.

52. Le Buste de Henri III. — Rev. Le Buste du Chancelier René Birague. 1577. Mod. 18 lig.

53. Le Buste de Henri de Lorraine, Duc de Guise.— Rev. Un Laboureur. Lég. *Discutit. ut. cœlo. Phœbus. pax. nubila. terris.* Mod. 22 lig.

54. Le Buste du Cardinal de Guise. *Ludovicus Cardinalis de Guisia.* 1578. — Rev. lisse. Mod. 18 lig.

55. *Idem.* — Sans lég. et sans rev. Mod. 22 lig.

56. Le Buste du Chancelier, Cardinal de Birague.
— Rev. L'Agneau Pascal. Lég. *Ortu clarus sine dolo.* Mod. 18 lig.

57. Fondation de l'Ordre du Saint-Esprit. Lég. *In te vere Christus.* Ex. 1579. — Rev. (Inscription) *Henri III de ce nom, Roi de France et de Pol., autheur et souverain de l'Ordre des Chevaliers du S.-Esprit.* 1579. Mod. 18 lig.

58. Le Buste du Chancelier de Cheverni. — Rev. Un Soleil rayonnant écartant des vapeurs. Lég. *Fovet et discutit.* Mod. 16 lig.

59. Le Buste de Catherine de Médicis. — Rev. L'Alliance avec les Suisses. Inscription : *Fœdere cum Helvetüs et Ræthis renovato.* Ex. 1582. Mod. 18 lig.

60. Le Buste de Henri III. — Rev. Sujet dont la composition est double ; d'un côté la légende est : *Hæc cunctis,* et de l'autre côté la légende est : *Hæc multis.* Mod. 22 lig.

61. Le Buste du Cardinal de Bourbon ayant la tête couronnée par dessus le bonnet de Cardinal. Lég. *Carolus. decimus. Francorum. Rex.* — Rev. La Couronne royale. Lég. *In armis avita. et. jus.* Mod. 18 lig.

62. *Idem.* 1590. — Rev. Les Attributs de la Royauté

réunis à ceux de la Religion. Lég. *Regale Sacer-
dotium.* Mod. 16 lig.

RÈGNE DE HENRI IV.

63. Son Buste, la Tête couronnée de laurier. *Henri-
cus IIII, D. g. Fran. et Na. Rex.* — Rev. Des
Trophées (la Bataille d'Ivry). Lég. *Victoria
Yvriaca.* Mod. 22 lig.

* 64. LE BUSTE DE HENRI IV. — Rev. Une Renommée.
Lég. *Sua circuit orbe fama.* Mod. 8 lig.

65. *Idem.*—Rev. L'Atelier du monnoyage de Châalons.
Lég. *Cathalaunensis. fidei. monumentum.* Ex.
A.A.A. F.F. 1591. Mod. 16 lig.

* 66. *Idem.* — Rev. Une Épée en pal. deux Sceptres et
les Armes de France et de Navarre. Lég. *Duo. protegit. unus.* 1598. Mod. 18 lig.

67. *Idem.* — Rev. Les Attributs du Grand-Maître de
l'Artillerie. Lég. *Jovis. armiger. ales.* Ex. 1601.
Mod. 22 lig.

* 68. LE BUSTE DE SULLY. — Rev. Un Aigle qui porte la
Foudre. Lég. *Quo. jussa. Jovis.* Mod. 18 lig.

69. LE BUSTE DU CHANCELIER POMPONNE DE BELLIEVRE.
— Rev. Un Laboureur. Lég. *Discutit ut cœlo
Phœbus pax nubila terris.* Mod. 22 lig.

70. LE BUSTE DU CHANCELIER BRULART. — Rev. Un
Laboureur. Même légende que ci-dessus. Mod.
22 lig.

71. *Idem.* Médaille ovale. — Rev. lisse. Mod. 26 lig.

72. Le Buste de Henri IV. — Rev. Son Mariage. Lég. *Majestas. major. ab. igne.* Ex. 1604. Mod. 24 lig.

73. *Idem.* — Rev. L'Éducation du Dauphin. Lég. *Oritur. et. lacte. virescit.* Mod. 26 lig.

★ 74. Le Buste de Marie de Médicis. — Rev. La Couronne royale. Lég. *Seculi. felicitas.* 1610. Mod. 20 lig.

RÈGNE DE LOUIS XIII.

75. Le Buste de Marie de Médicis. — Rev. Junon assise sur un arc-en-ciel. Lég. *Dat. paccatum. omnibus. æther.* Ex. 1613. Mod. 24 lig.

★ 76. *Idem.* Avec un revers lisse. Mod. 22. lig.

★ 77. Le Buste de Louis XIII. *Ludo. XIII. D. g. Fr. et Na. Rex. christianissimus.* 1614. — Rev. Le Buste de Marie de Médicis. Mod. 20 lig.

78. Le Buste du Connétable de Luynes. — Rev. Un Bras armé d'un Gantelet. Lég. *Quo. me. jura. vocant. et. Regis. gloria.* 1621. Mod. 26 lig.

79. Le Buste du Cardinal de Mazarin. — Rev. Cazal secouru. Lég. *Infestas. acies. nutu. dirimit.* Ex. *Casali.* 1630. D. F. Mod. 24. lig.

80. Le Buste de Marie de Médicis. — Rev. Un Croissant. Lég. *Innocuis. non. deficit. unquam.* Ex. 1631. Mod. 20 lig.

81. LE BUSTE DU CARDINAL DE RICHELIEU. — Rev. Un Globe terrestre. Lég. *Mens. sidera. volvit.* Ex. 1631. Mod. 24 lig.

82. LE BUSTE DU CARDINAL DE RICHELIEU. — Rev. lisse. Mod. 16 lig.

83. LE BUSTE DE LOUIS XIII. — Rev. Le Vœu de Louis XIII. Lég. *Se et Regnum Deo sub B. Mariæ tutela consecravit.* Ex. *Aram vovit.* 1638. Mod. 30 lig.

84. *Idem.* — Rev. La Naissance de Louis XIV. Lég. *Ortus. solis. Gallici.* Ex. *Sept. V. hor. XI min. XXII. ante. merid. M. D. C. XXXVIII.* Mod. 30 lig.

85. Autre Médaille sur le même sujet. LE BUSTE DE LOUIS XIII. — Rev. Lég. *Cœli mûnus.* Ex. *Ludovicus Delphinus natus V septembris.* 1638. Mod. 18 lig.

86. *Idem.* — Rev. Vue de la Façade du Val-de-Grace. Lég. *Ob Gratiam diu desiderati Regii partus.* Ex. *V sept.* 1638. Mod. 30 lig.

RÈGNE DE LOUIS XIV.*

1. LE BUSTE DE LOUIS XIII. Lég. *Ludovicus XIII Rex christianissimus.* — Rev. La Naissance du Roi. Lég. *Cœli munus.* Ex. *Ludovicus delphinus natus V. septembris* 1638.

2. Autre Rev. sur le même sujet. Lég. *Ortus solis Gallici.* Ex. *Sept. V. min. XXXVIII. ante. merid.* 1638.

3. LE BUSTE DE LOUIS XIV. Lég. *Ludovicus XIV. Rex christianissimus.* — Rev. La Mort de Louis XIII. Lég. *Ludovico Justo parenti optime merito.* Ex. *Obiit XIV. maii* 1643.

4. Le Commencement du Règne du Roi. Lég. *Francorum spes magna.* Ex. *Ineunte Regno XIV. maii* 1643.

5. La Régence de la Reine-Mère. Lég. *Annæ Austriacæ Regis et regni cura data.* Ex. 1643.

6. Autre sur le même sujet. Lég. *Regis et regni cura Annæ Austriacæ data.* Ex. *XVIII. maii* 1643.

7. La Bataille de Rocroy. Lég. *Victoria primigenia.*

---

* Toutes ces Médailles du Règne de Louis XIV. sont du module de 18 lignes, et répétées, pour la plupart, en grande dimension.

Ex. *Ad rupem regiam die V imperii. XIX. maii* 1643.

8. La Prise de Thionville. Lég. *Prima finium propagatio.* Ex. *Theodonis Villa expugnata X. augusti* 1643.

9. La Bataille navale de Carthagène. Lég. *Omen imperii maritimi.* Ex. *Hispanis victis ad Carthaginem novam. IV septembris* 1643.

10. Autre sur le même sujet. Lég. *Omen imperii maritimi.* Même Ex. IV sept. 1643.

11. La Prise de Trin et de Pont de Sture. Lég. *Trino et Sturæ ponte capt.* Ex. 1643.

12. La Paix donnée à l'Italie par la Médiation du Roi. Lég. *Rex pacis arbiter.* Ex. *Italia pacata.* 1644.

13. La Prise de Gravelines. Lég. *Gravelinga capta.* Ex. XXVIII *julii* 1644.

14. La Bataille de Fribourg. Lég. *Tergemina victoria.* Ex. *Ad Friburgum Brisgoiæ.* 1644.

15. La Prise de Philipsbourg. Lég. *Fusis ad Friburgum Bavaris.* Ex. *Philippi Burgum capt.* 1644.

16. La Prise de trente Villes. Lég. *Novi regni fulgor.* Ex. 1644.

17. Autre sur le même sujet. Lég. *Puer triumphator.* Ex. *XXX Urb. aut arc. capt.* 1644.

18. Autre composition sur le même sujet. Mêmes Lég.
et Ex.

19. La Prise de Roses. Lég. *Rhoda Cataloniæ capta.*
Ex. *XXVIII* maii 1645.

20. Autre composition sur le même sujet. Lég. *Idem.*
Ex. 1645.

21. La Bataille de Norlingue. Lég. *Deleto Bavar.
exercitú, cæso duce.* Ex. *Ad Norlingam.* 1645.

22. La Bataille de Liorens et la Prise de Balaguier.
Lég. *Hispanis cæsis ad Sicor. et Pyrenaeos saltus.*
Ex. *Balaguera capta.* 1645.

23. Le Mariage de la Princesse Louise-Marie avec le
Roi de Pologne. Lég. *Regina Polonis data.* Ex.
*Lud. Mar. Gonzaga Uladislao IV. Polon. Regi
collocata* 1645.

24. Le Rétablissement de l'Electeur de Trèves. Lég.
Tutelæ Gallicæ fidelitas. Ex. *Elector Trevirensis
in integrum rest.* 1645.

25. La Campagne de 1645. Lég. *Gallia ubique victrix.*
Ex. XXXIV *Urb. aut arc. captæ.* 1645.

26. La Prise de Courtray, de Bergues et de Mardick.
Lég. *Felix progressus.* Ex. *Curtraco Vinoci-
berga et Mardico capt.* 1646.

27. La Prise de Dunkerque. Lég. *Vires hostium na-
vales accisæ.* Ex. *Dunquerca. Exp.* 1646.

28. Autre composition sur le même sujet. *Idem.*

29. Autre composition sur le même sujet. *Idem. X octobris* 1646.

30. La Prise de Piombino et de Porto-Longone. Lég. *Firmata sociorum fides.* Ex. *Piumbino et Portu Long. Exp.* 1646.

31. Les Conquêtes de 1646, ou Prise de onze villes. Lég. *Mars expugnator.* Ex. *XI. urb. aut arc. capt.* 1646.

32. La Campagne de 1647. Lég. *Diverso ex hoste.* Ex. *XI urb. aut arc. captæ.* 1647.

33. Autre Médaille sur la campagne de 1647. **Lég.** *Diverso ex hoste.* Ex. 1647.

34. La Prise d'Ipres. Lég. *Fracta Hispanorum fiducia.* Ex. *Ypris captis XXVIII maü* 1648.

35. La Défaite du duc de Bavière. Lég. *Victoria fractæ fidei ultrix.* Ex. *Pulso trans Ænum Bavarorum duce XX julii.* 1648.

36. Autre sur le même sujet. Lég. *Bavaria profligata.* Ex. 1648.

37. La Prise de Tortose. Lég. *Dertosa Expugnata.* Ex. *XIII. julii* 1648.

38. Autre sur le même sujet. *Idem.* Ex. 1648.

39. La Bataille de Lens. Lég. *Legionum Hispan. reliquiæ deletæ.* Ex. *Ad Lentium.* 1648.

40. La Paix de Westphalie. Lég. *Libertas Germaniæ.*
Ex. *Fœdus Westphalicum. XXIV oct.* 1648.

41. Autre sur le même sujet. Lég. *Idem.* Ex. *Pax mo-
naster.* 1648.

42. Troisième sur le même sujet. Lég. *Pacis eventum.*
Ex. *Fœdus Westphalicum. XXIV oct.* 1648.

43. La Prise de Condé et de Maubeuge. Lég. *Hispanis trans Scaldim pulsis et fugatis.* Ex. *Condatum et Malbodium capt.* 1649.

44. Les avantages remportés en Flandre. Lég. *Minerva
fautrix.* Ex. *Res in Belgio gestæ.* 1649.

45. La Levée du Siége de Guise. Lég. *Hispanorum
commeatu intercepto.* Ex. *Guisa liberata I. julii*
1650.

46. Autre composition sur le même sujet. *Idem.*

47. La Bataille de Rhetel. Lég. *Victoria Retelensis.*
Ex. 1650.

48. Le Val-de-Grâce. Lég. *Ob gratiam diu desiderati Regii partus.* Ex. 1650.

49. La Majorité du Roi. Lég. *Rege legitimam ætatem
adepto.* Ex. *IV sept.* 1651.

50. Autre sur le même sujet. Légère variante.

51. Le Retour du Roi à Paris. Lég. *Lætitia publica*
Ex. *Rege in urbem reduce.* 1652.

52. Villes remises sous l'obéissance du Roi. Lég. *Serenitas*. Ex. *Plurimæ urbes receptæ*. 1653.

53. La Prise de Beffort. Lég. *Alsatiæ et Lotharingiæ quies*. Ex. *Beffortium captum. XXIII februarii*. 1654.

54. Le Sacre du Roi. Lég. *Rex cœlesti oleo unctus*. Ex. *Remis. VII* jun. 1654.

55. Autre composition sur le même sujet. La Ville de Rheims. Lég. *Sacratus ac salutatus Remis*. Ex. *VII* jun. 1654.

56. La Prise de Stenay. Lég. *Urbium Gallicarum ad Mosam securitas*. Ex. *Stenaeum captum*. 1654.

57. Le Secours d'Arras. Lég. *Perrupto Hispanorum vallo castris direptis*. Ex. *Atrebatum liberatum. XXV augusti* 1654.

58. Autre composition sur le même sujet. *Idem*.

59. La Prise de quatorze villes. Lég. *Dives triumphis Gallia*. Ex. XIV *urbes aut arces capt*. 1654.

60. La Prise de Cadaques et de Castillon. Lég. *Cadaquesium et Castillio captæ*. Ex. *Ad oram Cataloniæ maritimam*. 1655.

61. La Prise de Landrecy, de Condé et de Saint-Guislain. Lég. *Landrecium Condatum et Fanum S.[u] Gisleni capta*. Ex. 1655.

62. Autre composition sur le même sujet. *Idem*.

63. L'Etablissement de l'Hôpital général. Lég. *Alendis et educandis pauperibus*. Ex. *Ædes extructæ et fundatæ*. 1656.

64. L'Entrée de la Reine de Suède à Paris. Lég. *Regina Suecorum in urbem Regie excepta*. Ex. 1656.

65. La Réception de la Reine de Suède. Lég. *Hospitalitas Augusta*. Ex. *Christina Suecorum regina in Gallia excepta*. 1656.

66. La Prise de Valence en Italie. Lég. *Valentia ad Padum capta*. Ex. *XVI septembris* 1656.

67. Autre composition sur le même sujet.

68. La Prise de la Capelle. Lég. *Fortuna redux*. Ex. *Capella capta*. 1656.

69. Autre composition sur le même sujet. Lég. *Spes Hispanorum imminutæ*. Ex. *Capella capta. XXVI septembris* 1656.

70. La Prise de Montmédy. *Primo Regis adventu*. Ex. *Mons medius captus. IV augusti* 1657.

71. Autre composition sur la prise de Montmédy. Lég. *Mons medius captus*. Ex. 1657.

72. La Prise de Saint-Venant et de Mardick, et la Levée du siége d'Ardres. Lég. *Fines defensi et propagati*. Ex. *Arda obsidione liberata et fano S.ti Venantii ac Mardico captis* 1657.

73. Même sujet. Lég. *Fines defensi et ampliati*. Ex.

Mardico et fano S. Venanti capt. Arda obs. lib. 1657.

74. La Bataille des Dunes. Lég. *Victoria pacifera.* Ex. *Hispanis Cæsis ad Dunquercam.* 1658.

75. La Prise de Dunkerque. Lég. *Dunkerca iterum capt.* Ex. 1658.

76. La Guérison du Roi à Calais. Lég. *Salus imperii.* Ex. *Rege Convalescente Calasii mense. Julio* 1658.

77. Suite des Conquêtes de Flandre. Lég. *Victoriarum impetus.* Ex. *Ad Scaldim Lisam et Yperam.* 1658.

78. La Prise de Mortare. Lég. *Res in Italia feliciter gestæ.* Ex. *Mortaria capta.* 1658.

79. Conférences pour la paix des Pyrénées. Lég. *Conciliandæ paci.* Ex. *Colloquium ad Bidassoam.* 1659.

80. Autre composition sur le même sujet Lég. *Pacis adytum.* Même ex.

81. La Paix des Pyrénées. Lég. *Fundator pacis.* Ex. *Fœdus ad Pyrenæos. VII novembris* 1659.

82. L'Entrevue du Roi avec le Roi d'Espagne. Lég. *Concordia Augustorum.* Ex. *Ludovici XIV cum Philippo IV Congressio. VI et VII junii* 1660.

83. Même sujet. Lég. *Regum Congressio.* Ex. *Pax ad Pyrenaeos.* 1660.

84. Le Mariage du Roi. Lég. *Pax et connubium*. Ex. *Maria Theresia Austriaca regi nupta.* 1660.

85. Autre sur le même sujet. Tête de Marie-Thérèse. Lég. *Maria Theresia Austriaca Fr. et Nav. Regina.* Ex. 1660.

86. L'Entrée de la Reine à Paris. Lég. *Felix Reginæ in urbem adventus.* Ex. *XXVI augusti.* 1660.

87. Autre composition sur le même sujet. Lég. *Felicissim. Reginae in urb. adventus* Ex. 1660.

88. La Citadelle et le Château de Marseille. Lég. *Massilia arce munita.* Ex. 1660.

89. Le Roi prenant le gouvernement de l'État. Lég. *Ordo et Felicitas.* Ex. *Rege curas Imperii capescente.* 1661.

90. Le Roi accessible à tous ses Sujets. Lég. *Facilis ad Regem aditus.* Ex. 1661.

91. L'Assiduité du Roi à tous ses Conseils. Lég. *Assiduitas in Conciliis habendis.* Ex. 1661.

92. Autre sur le même sujet. Lég. *Gallia felix.* Ex. *Assidua Regis in Conc. præsentia.* 1661.

93. Le Secret des Conseils du Roi. Lég. *Arcana Conciliorum.* Ex. 1661.

94. Autre sur le même sujet. Lég. *Comes Conciliorum.* Ex. 1661.

95. L'Hommage du Duc de Lorraine. Lég. *Homma-*

gium ligium. *Car. Lothar. d. ob ducatum Baren-sem. Ex.* 1661.

96. Naissance de Monseigneur le Dauphin. Lég. *Felix Galliarum genius.* Ex. *Natalis Delphini I, nov.* 1661.

97. Autre composition sur le même sujet. *Propago Imperii.* Ex. *Natales Delphini I novembris* 1661.

98. La Chambre de Justice. Lég. *Repetundarum et peculatus judicia constituta.* Ex. *III decembris* 1661.

99. Autre composition sur le même sujet. Lég. *Repe-tundarum judices constituti.* Ex. 1662.

100. Promotion des Chevaliers de l'Ordre du Saint-Es-prit. Lég. *Generi et Virtuti.* Ex. *LX proceres tor-que donati.* 1662.

101. Le Duel aboli. Lég. *Justitia optimi Principis.* Ex. *Singular. certam. furor coercit.* 1662.

102. Le droit de Préséance reconnu par l'Espagne. Lég. *Jus præcedendi assertum.* Ex. *Hispanorum excusatio coram XXX leg. pr.* 1662.

103. Libéralité du Roi pendant la Famine. Lég. *Fames pietate Principis sublevata* Ex. 1662.

104. Les Carrousels. Lég. *Ludi equestres.* Ex. *V et VI junii* 1662.

105. L'Acquisition de Dunkerque. Lég. *Providentia Principis.* Ex. *Dunquerca recuperata.* 1662.

106. Autre sur le même sujet. Lég. *Dunkerca acquisita.* Ex. *XXVII octobris* 1662.

107. Les Fortifications de Philipsbourg. Lég. *Præsidium Philipsburgense.* Ex. 1662.

108 La Devise du Roi. Lég. *Nec pluribus impar.* Ex. 1663.

109. Marsal remis au Roi. Lég. *Pignus instaurati fœderis.* Ex. *Marsallum occupatum IV sept.* 1663.

110. Autre composition sur le même sujet. Lég. *Protei artes delusæ.* Ex. *Marsal. capt.* 1663.

111. La France florissante. Lég. *Felicitas temporum.* Ex. 1663.

112. Le Renouvellement de l'Alliance avec les Suisses. Lég. *Fœdus Helveticum instauratum.* Ex. 1663.

113. Établissement de l'Académie des Inscriptions. Lég. *Rerum gestarum fides.* Ex. *Academia reg. Inscript. et Numism. inst.* 1663.

114. Le Traité de Pise. Lég. *Majestas vindicata.* Ex. *Fœdus Pisanum XII februarii* 1654.

115. La Pyramide élevée à Rome. Lég. *Ob nef. scelus a Corsis edit. in orat. reg. Fr.* Ex. 1664.

116. Même sujet. Lég. *Pœnæ de Corsis sumptæ.* Ex. *Posita Piramide.* 1664.

117. L'Audience du Légat. Lég. *Corsicum facinus excusatum.* Ex. *Legato a Latere misso.* 1664.

118. Le Combat de Saint-Gothard. Lég. *Germania servata.* Ex. *Turc. ad Arrab. caes.* 1664.

119. La ville d'Erford rendue à l'Électeur de Mayence. Lég. *Gallia vindex.* Ex. *Erfodia Eccl. Mogunt. restituta.* 1664.

120. Autre composition sur le même sujet. Lég. *Gallia fœderatorum vindex.* Même Ex.

121. La Compagnie des Indes. Lég. *Jungendis Commercio Gentibus.* Ex. *Societates negotiarum in utramque Indiam.* 1664.

122. Les Revues. Lég. *Discipl. milit. rest.* Ex. 1665.

123. Colonies de Madagascar. Lég. *Colonia Madagascarica.* Ex. 1665.

124. Secours donnés aux Hollandais. Lég. *Religio fœderum.* Ex. *Batavis terra mariq. defensis.* 1666.

125. Les grands jours d'Auvergne et de Languedoc. Lég. *Salus provinciarum.* Ex. *Repressa Potentiorum audacia.* 1665 et 1666.

126. La Mort de la Reine-Mère. Lég. *Annæ Austr. matri Colendiss.* Ex. *Obüt XX janu.* 1666.

127. Gratifications assurées aux Gens de Lettres. Lég. *Bonæ artes renumeratæ*. 1666.

128. Le Port de Cette. Lég. *Portus Setius*. Ex. 1666.

129. Le Port de Rochefort. Lég. *Urbe et navali fundatis*. Ex. *Rupi fortium*. 1666.

130. Les Anglais chassés de l'île de Saint - Cristophe. Lég. *Colonia Fr. stabilita*. Ex. *Angl. ex Insula Sti. Christop. exturbat*. 1666.

131. L'Etablissement de l'Académie des Sciences. Lég. *Naturæ investigandæ et perfic. artib*. Ex. *Regia scientiarum Academia inst*. 1666.

132. La Chambre de Justice, ou la Clémence du Roi envers les traitans. Lég. *Peculatores bonis mulctati*. Ex. 1666.

133. La Nouvelle Ordonnance. Lég. *Litium series rescissæ*. Ex. *Novo Codice lato*. 1667.

134. L'Observatoire. Lég. *Turris siderum speculatoria*. Ex. 1667.

135. L'Académie de Peinture et de Sculpture. Lég. *Scholæ Augustæ*. Ex. *Academia regia Pict. et Sculpt. Lutetiæ et Romæ inst*. 1667.

136. La Campagne de Flandre. Lég. *Rex armis jus negatum repetens*. Ex. *Profectio in Belgium* 1667.

137. La Prise d'Oudenarde. Lég. *Mars hymenaei vindex*. Ex. *Aldenarda capta* 1667.

138. La Prise de Tournay et de Courtray. Lég. *Tor-nacum et Curtracum capt.* Ex. 1667.

139. La Prise de Douay. Lég. *Rex dux et miles.* Ex. *Duacum captum VI julii* 1667.

140. La Prise de Courtray et d'Oudenarde. Lég. *Cur-tracum et Aldernada capta.* Ex. *Mense julio* 1667.

141. La Prise de Lille. Lég. *Rex victor et locupletator.* Ex. *Insula capta.* 1667.

142. La Déroute du comte de Marsin et du prince de Ligne. Lég. *Fuso hostium equitatu.* Ex. *Ad fossam Brugensem* 1667

143. La Campagne de 1667. Lég. *Expeditio Belgica.* Ex. 1667.

144. Le Canal des deux Mers. Lég. *Maria juncta.* Ex. *Fossa à Gar. ad port. Setium.* 1667.

145. Autre sur le même sujet. Lég. *Internum mare Oceane junctum.* Ex. (Même en toutes lettres.)

146. La Prise de Besançon. Lég. *Terror nominis.* Ex. *Vesuntio capta* 1668.

147. La Prise de Dôle. Lég. *Dola Sequanorum exp.* Ex. XIV *feb.* 1668.

148. La Conquête de la Franche-Comté. Lég. *Victoriæ celeritas.* Ex. *Sequanorum provincia X diebus subacta.* 1668.

149. La Paix d'Aix-la-Chapelle. Lég. *Pax triumphis prœlata*. Ex. *Fœdus aquisgranense* 11 *maii* 1668.

150. Autre composition sur le même sujet. Lég. *Pax triumphis prœlata*. Ex. *Aquisgrani*. 1661.

151. La Franche-Comté rendue à l'Espagne. Lég. *Promissi Constantia*. Ex. *Provincia Sequanorum Hispanis reddita* 1668.

152. La Pyramide des Corses abattue. Lég. *Violatœ Majestatis monumentum abolitum*. Ex. *Pietas opt. pr. erga Clementem IX*. 1668.

153. Le Règlement pour les boues et lanternes. Lég. *Urbis securitas et nitor*. Ex. 1669.

154. Autre. Lég. *Urbs mundata et nocturnis facibus illustrata*. Ex. 1666.

155. Le Nouveau Pavé de Paris. Lég. *Urbs novo lapide strata*. Ex. 1669.

156. Rétablissement de la sûreté partout le Royaume. Lég. *Adsertor securitatis publicœ*. Ex. 1669.

157. Même sujet. Inscription, *Adsertori securitatis publicœ*.

158. La Paix de l'Eglise. Lég. *Restituta ecclesiœ Gallicanœ concordia*. Ex. 1669.

159. La Révocation de la Chambre de Justice. Lég. *Peculatores œre mulctati*. Ex. *Intermiss. peculatus et repetundarum Justicia mense aug.* 1669.

160. Les Manufactures. Lég. *Parens artium*. Ex. *Manufacturorum operum fabricæ restitutæ.* 1669.

161. Même Composition. Lég. *Minerva locupletatrix.* Ex. *Artes instauratæ* 1666.

162. Le Roi de Pologne reçu en France. Lég. *Hospitium regibus.* Ex. *Casim. Pol. rex. abdicato reg. in Gallia excip.* 1669.

163. La Conquête de la Lorraine. Lég. *Corolo Loth. duce novas res moliente.* Ex. *Lotharingia capta* 1670.

164. Le Rétablissement et l'Augmentation de la Marine. Lég. *Res navalis instaurata.* Ex. 1670.

165. L'Embellissement et l'Agrandissement de Paris. Lég. *Ornata et ampliata urbe.* Ex. 1670.

166. L'Arc de Triomphe. Lég. *Pour les Conquêtes de Flandre et de la Franche-Comté.* Ex. 1670.

167. Dunkerque fortifiée. Lég. *Freti Gallici decus et securitas.* Ex. *Dunquerca munita et ampliata* 1671.

168. L'Établissement de l'Académie d'Architecture. Lég. *Regia Architectonices Academia instituta.* Ex. 1671.

169. Le Roi tenant le Sceau de l'État. Lég. *Rege cancellarii múnus obeunte.* Ex. 1672.

170. Le Roi protecteur de l'Académie française. Lég. *Apollo Palatinus.* Ex. *Academia Gallica intra Regiam excepta.* 1672.

171. La Campagne de Hollande. Lég. *Prævia victoria.* Ex. *Expeditio Batavica.* 1672.

172. La Prise de quatre villes sur le Rhin. Lég. *Urbes IV, simul expugnatæ.* Ex. *Orsovia, Burichium, Vesalia Rhimberga* 1672.

173. Combat naval dans la Manche. Lég. *Victoria navalis.* Ex. 1672.

174. Le Passage du Rhin. Lég. *Tranatus Rhenus.* Ex. *Hoste ripam adversam obtinente.* 1672.

175. Les Retranchemens de l'Yssel abandonnés par les Hollandais. Lég. *Perruptis Bataviæ claustris.* Ex. 1672.

176. Suite des Conquêtes du Roi en Hollande. Lég. *Batavia victoriis peragrata.* Ex. *XL urb. dieb. XXII capt.* 1672.

177. Autre sur le même sujet, ou la Hollande subjuguée. Lég. *Ultor regum.* Ex. *Batavia debellata.* 1672.

178. Le Secours de Woerden. Lég. *Castris Batavorum captis et direptis.* Ex. *Wurda obsidione liberata* 1672.

179. La Levée du Siége de Charleroy. Lég. *Caroloregium obsidione. lib.* Ex. 1672.

180. Les Magasins. Lég. *Providentia victrix*. Ex. *Hor-
rea et armamentaria ubique constituta*. 1672.

181. L'Académie française. Lég. *Præsidio et decori
suo*. Ex. *Academia gallica intra regiam excepta*.
1673.

182. Autre sur le même sujet. Lég. *Immotamque coli
dedit*. Même exergue.

183. L'Electeur de Brandebourg poussé jusqu'à l'Elbe.
Lég. *A Rheno ad Albim pulso Brandburg. el.*
Ex. 1673.

184. La Prise de Maestricht. Lég. *Virtus et præsentia
regis*. Ex. *Traject. ad Mosam. Exp.* 1673.

185. Autre sur le même sujet. Lég. *Virtus regis invic-
tissimi*. Ex. *Mosæ traject. capt.* 1673.

186. Deuxième Médaille sur la Conquête de la Franche-
Comté. Lég. *De Sequanis iterum*. Ex. *Addita
imperio gallico provincia*. 1674.

187. Autre sur le même sujet. Lég. *Fortuna manens*.
Ex. *Sequani iterum subacti*. 1674.

188. La Prise de la ville et de la citadelle de Besançon. Lég. *Virtus Gallica*. Ex. *Vesuntio iterum
capta*. 1674.

189. La Prise de Dôle. Lég. *Dola Sequanorum iterum
capta*. Ex. 1674.

190. Le Combat de Sintzeim. Lég. *Vis et celeritas*. Ex. *Pugna ad Sintzhemium*. 16 *junii* 1674.

191. Le Combat de Ladenbourg. Lég. *Germanis iterum fusis*. Ex. *Ad Nicrum*. 1674.

192. La Bataille de Senef. Lég. *Cæsis aut captis hostium X. mil. signis relatis CVII*. Ex. *Ad Seneffam*. 1674.

193. La Défaite des Hollandais en Amérique. Lég. *Colonia Francorum Americana victrix*. Ex. *Batavis ad Martinicam cæsis ac fugatis*. 1674.

194. La Levée du Siége d'Oudenarde. Lég. *Victoria opifera*. Ex. *Aldenarda obsid. liberata*. 1674.

195. La Bataille d'Ensheim. Lég. *De Germanis tertio*. Ex. *Ad Enshenium. IV octobris* 1674.

196. Vains Projets des Flottes hollandaises. Lég. *Tranquillitas oræ maritimæ*. Ex. *Spectante nec quicquam audente classe hostium maxima*. 1674.

197. L'Armée allemande chassée de l'Alsace repasse le Rhin. Lég. *LX M. Germ. ultrà Rhenum pulsa*. Ex. 1675.

198. Le Secours de Messine. Lég. *Alimenta Messanæ*. Ex. *Hispan. ad Fretum sicul. devictis*. 1675.

299. La Prise de Huy et de Dinant. Lég. *Prolati ad Mosam imp. securitas*. Ex. *Dionantum et Huyonum capt*. 1675.

200. La Prise de Limbourg. Lég. *Rege in hostes signa obvertente.* Ex. *Leinburgum capt.* 1675.

201. Le Combat d'Altenheim. Lég. *Exercitus redux.* Ex. *Victoria ad Alteneimum.* 1675.

202. La Campagne de Catalogne. Lég. *Cataloniæ aditus occupati.* Ex. *LXXX urb. aut opp. capt.* 1675.

203. La Levée du Siége d'Haguenau. Lég. *Salus Alsatiæ.* Ex. *Hagenoia obsidione liberata.* 1675.

204. Le Roi de Pologne, Chevalier des Ordres du Roi. Lég. *Concordiæ vinculum.* Ex. *Joan. Pol. rege torque donato.* 1675.

205. Les Invalides. Lég. *Militibus senio aut vulnere invalidis.* Ex. 1676.

206. La Bataille navale d'Agosta. Lég. *Devicta hostium classe duce interempto.* Ex. *Ad Augustam Siciliæ.* 1676.

207. La Prise de Condé. Lég. *Victoris clementia* Ex. *Condat. VI. capt. ab excid. servat.* 1676.

208. La Prise de Bouchain. Lég. *Hoste vidente et perterrito.* Ex. *Buchennium capt.* 1676.

209. Le Combat naval de Palerme. Lég. *Victoria Panormitana.* Ex. *Deleta hostium classe.* 1676.

210. La Prise d'Aire. Lég. *Transeuntis exercitus expeditio.* Ex. *Aira capta.* 1676.

211. La Levée du Siége de Maestricht. Lég. *Pulsis ad Mozam Batavis.* Ex. *Traject. liberat.* 1676.

212. L'Ile de Cayenne reprise. Lég. *Batavis cæsis.* Ex. *Cayana recuperata.* 1676.

213. Le Combat de Tabago en Amérique. Lég. *Incensa Batavorum classe.* Ex. *Ad ins. Tabago.* 1677.

214. La Prise de Valenciennes. Lég. *Conservatori suo.* Ex. *Valentianæ captæ et ab excidio servatæ. XVII martii* 1677.

215. La Bataille de Cassel. Lég. *Victoria ad Castellum Morinorum.* Ex. 1677.

216. La Prise de Cambray. Lég. *Metus finium sublatus.* Ex. *Cameraco capt.* 1677.

217. La Prise de Saint-Omer. Lég. *Victoria Castellensis præmium.* Ex. *Fanum S. Andomari capt.* 1677.

218. La Défaite des Espagnols en Catalogne. Lég. *De Hispanis.* Ex. *Ad Pylas Balneonenses.* 1677.

219. La Levée du Siége de Charleroy. *Caroloregium altera obsidione liberatum.* Ex. *XIV augusti* 1677.

220. Autre Inscription : *Ob Caroloregium iterum obsidione liberatum.* 1677.

221. Autre Inscription. *Ob Caroloregium bis obsidione liberatum.* 1672-1677.

222. La Prise de Fribourg. Lég. *Minerva victrix.* Ex. *Friburgo brisgoiœ capto.* 1677.

223. La Prise du fort de Tabago. Lég. *Tabagum expugnatum.* Ex. 1677.

224. La Prise de Saint-Guislain. Lég. *Annus feliciter clausus.* Ex. *Fanum S. Gisleni captum.* 1677.

225. L'Expédition de Gand. Lég. *Celeritas et Providentia.* Ex. *Expeditio Gandav.* 1678.

226. La Prise de Gand. Lég. *Spes et opes hostium fractœ.* Ex. *Gandavo capt.* 1678.

227. La Prise d'Ipres. Lég. *Hostes ad pacem adacti.* Ex. *Ipris capt.* 1678.

228. La Prise de Lew ou l'Eau. Lég. *Victoria Pervigil.* Ex. *Lewia noctu capta.* 1678.

229. La Prise de Puycerda. Lég. *Pyrennœis perruptis.* Ex. *Jugum Cerretanorum capt.* 1678.

230. La Campagne de 1678 en Allemagne. *De Germanis ad Renof. ad Kintzam fl. ad Argent.* Ex. 1778.

231. Le même sujet sans légende ni exergue.

232. La Paix de Nimègue. Lég. *Pace in Leges suas confecta.* Ex. *Neomagi X aug.* 1678.

233 Autre sur le même sujet. Inscription. *Ludivico magno qui Batavis debellatis Hispanis toties devictis sequanis dis subactis Germanis ubique*

*superatis hostium classibus fugatis et insensis
toti fere Europæ Conjuratæ et Fœderatæ pacem dedit imperavit.* Anno 1678.

234. Le Combat de Saint-Denis. Lég. *Mars pacis vindex.* Ex. *Pugna ad fanum S. Dyonisii XIII
aug.* 1678.

235. Le Mariage de la Reine d'Espagne. Lég. *Pax
pronuba.* Ex. *Mar. Lud. Aurel. Car. II. Hisp.
regi collocata.* 1679.

236. La Paix du Nord. Lég. *Sociorum defensor.* Ex.
Pax Septentrionis 1679.

237. La Réduction de dix villes d'Alsace. Lég. *Alsatia
in provinciam redacta.* Ex. *Civit. X imp. in fidem recept.* 1680.

238. Autre sur le même sujet. *Civit. X. imperial. in
ditionem Gall. concedunt.* Ex. *Fides Alsatiæ.*

239. Le Mariage de Mgr le Dauphin. — Buste du Dauphin et de Marie Anne de Bavière en regard.
Lég. *Ludovici Delphini et Mariæ Annæ Ba-
varæ connubium.* Ex. 1680.

240. Autre Composition sur le même sujet. Lég. *Victoria et pace auspicibus.* Ex. *Maria Anna Ba-
vara Lud. Delph. nupta* 1680.

241. Le Port de Toulon. Lég. *Tolonii portus et navale.* Ex. 1680.

242. Soixante mille Matelots levés et entretenus. Lég. *Bello et Commercio.* Ex. *Nautarum LX mill. conscript.* 1680.

243. Versailles. Lég. *Regia Versaliarum.* Ex. 1680.

244. Les Fortifications d'Huningue. Lég. *Muniti ad Rhenum fines.* Ex. *Hunninga condita* 1680.

245. La Réduction de Strasbourg. Lég. *Sacra restituta.* Ex. *Argentoratum receptum* 1681.

246. La Citadelle de Cazal remise au Roi. Lég. *Tutela Italiæ.* Ex. *Casalis arce in fidem recepta XXX septemb.* 1681.

247. Strasbourg assujéti et Cazal remis au Roi. Lég. *Argentoratum et Cazale recepta.* Ex. *XXX sept.* 1681.

248. Le Port de Brest. Lég. *Tutela classium Oceani.* Ex. *Bresti portus et navale* 1681.

249. La Défaite des Corsaires de Tripoli. Lég. *De piratis Turca spectante.* Ex. *Ad ins. Chio* 1681.

250. Etablissement des Compagnies de Cadets. Lég. *Militia tyrocinium.* Ex. *Nobiles educati munificentia principis* 1682.

251. Le Roi se condamnant lui-même dans sa propre cause. Lég. *Equitas opt. principis.* Ex. *Fiscus causa cadens.* 1682.

252. La Naissance de Monseigneur le duc de Bour-

gogne. Lég. *Nova spes imperii.* Ex. *Lud. Burg.
dux. Lud. delph. fil. Lud. magni nepos VI. aug.*
1682.

253. Les Appartemens. Lég. *Comitas et magnificentia
pr.* Ex. *Hilaritati publicæ aperta regia.* 1683.

254. Strasbourg fortifié. Lég. *Clausa Germanis Gallia.*
Ex. *Argentorati arces ad Rhenum* 1683.

255. Le Bombardement d'Alger. Lég. *Cives a Piratis
recuperati.* Ex. *Algeria fulminata* 1683.

256. La Mort de la Reine. *Mariæ Theresæ Austriacæ
uxori carissimæ.* Ex. *Obiit XXX julii* 1683.

257. La Prise de Courtray et de Dixmude. Lég. *Mars
jus negatum repetens.* Ex. *Curtracum et Dixmuda capt.* 1683.

258. Les Gardes de la Marine et ceux de l'Etendard.
Lég. *Lecti juvenes in navalem militiam con-
scripti. DCCC.* Ex. 1683.

259. La Naissance de Monseigneur le Duc d'Anjou.
Bustes du Dauphin, du Duc de Bourgogne et du
Duc d'Anjou. Lég. *Æternitas imperii Gall.* Ex.
Philipp. dux Andeg. nat. XIX dec. 1683.

260. Sarlouis. Lég. *Sarloisium conditum.* Ex. 1683.

261. Le Bombardement de Gênes. Lég. *Vibrata in
superbos fulmina.* Ex. *Genua emendata* 1684.

262. La Prise de Luxembourg. Lég. *Securitas provinciarum*. Ex. *Lucemburgum captum* 1684.

263. La Paix avec Alger. Lég. *Africa supplex*. Ex. *Confecto bello piratico* 1684.

264. La Trève. Lég. *Virtus et prudentia principis*. Ex. *Induciæ ad vigenti annos datæ* 1684.

265. Remise faite aux Espagnols des contributions qu'ils devaient. Lég. *Hispanis rogantibus remissa aureorum cor. DCC millia*. Ex. 1684.

266. L'Arrivée du Doge de Gènes. Leg. *Dux Ligurum accersitus*. Ex. 1685.

267. Soumission de la République de Gènes. Lég. *Genua obsequens*. Ex. *Dux Legatus et deprecator.* 1685.

268. La Libéralité du Roi dans ses Voyages. Lég. *Liberalitas itinerum socia*. Ex. 1685.

269. Extinction de l'Hérésie. Lég. *Extincta Hæresis*. Ex. *Edictum octobris* 1685.

270. Autre sur le même sujet. Lég. *Ob vicies cent. m. Calv. ad Eccl. revoc*. Ex. 1685.

271. Temples des Calvinistes démolis. Lég. *Religio victrix*. Ex. *Templis Calvinianorum eversis* 1685,

272. Le Pont Royal. Lég. *Urbis ornamento et commodo*. Ex. *Pons ad Luparam.* 1685.

273. Églises bâties par les nouveaux Catholiques. Lég. *Ædes sacræ CCC. A fundamentis erectæ.* Ex. 1686.

274. Les Satellites de Saturne. Lég. *V. Saturn. Satellites prim. cogniti.* Ex. 1686.

* 275. La naissance de Monseigneur le duc de Berry. Bustes du Dauphin et de ses trois enfans. Lég. *Felicitas domus Augustæ.* Ex. *Carolus dux Bitur. nat. XXXI aug.* 1686.

276. Même sujet. Bustes du Dauphin et de ses trois enfans. Lég. *Felicitas domus Augustæ.* Ex. Le nom de chaque prince sous leur Buste.

277. Les Ambassadeurs de Siam. Lég. *Fama virtutis.* Ex. *Oratores Regis Siam.* 1686.

278. Buste du Chancelier de Boucherat. Lég. *Ludovicus de Boucherat Franciæ Cancellarius.* Rev. La Justice et l'Abondance. Lég. *Justitia comes beneficentia.* Ex. 1686.

279. La Maladie du Roi. Lég. *Pro salute optimi Principis.* Ex. *Vota Galliæ.* 1686.

280. La Guérison du Roi. Lég. *Deo conservatori Principis.* Ex. *Gallia voti compos.* 1687.

281. Festin fait au Roi dans l'Hôtel de Ville. Lég. *Regis et populi amor mutuus.* Ex. *Reg. in urb.*

* Cette Médaille existe dans les dimensions de 16 et 12 lignes.

epulum civib. præsid. et mensam præbentibus.
1687.

282. L'établissement de Saint-Cyr. Lég. *CCC. Puellæ nobiles Sancir.* Ex. 1687.

283. Commissaires du Conseil envoyé dans les Provinces. Lég. *Tutator populorum.* Ex. *Emendati provinciarum judices.* 1688.

284. La Prise de Philipsbourg. Lég. *Providenter.* Ex. *Philippiburgum expugn. XXIX octob.* 1688.

285. La Campagne de Monseigneur le Dauphin. Lég. *Documentorum merces.* Ex. *XX urbes ad Rhenum uno mense a Delphino sub.* 1688.

286. Autre Composition sur le même sujet. Lég. *Primordia victoriarum.* Ex. *XXII urbes expugnatæ.* 1688.

287. Coalition du Nord contre la France. Lég. *Fœdus Augustanum.* Ex. *Disjungam.* 1688.

288. Quarante Galères à Marseille. Lég. *Assertum maris Mediterranei imperium.* Ex. *Quadraginta triremes.* 1688.

289. Le Roi d'Angleterre Jacques II reçu en France. Lég. *Perfugium Regibus.* Ex. *Jac. II m. br. rex. cum reg. conj. et pr. walliæ in Gall. receptus* 1689.

290. Promotion de Chevaliers du Saint-Esprit. Lég.

Torquat. equitum centuria suppleta. Ex. *Regü ordinis equitibus lectis. LXXIV.* 1689.

291. La Prise de Campredon. *Claustra Cataloniæ reserata.* Ex. *Campredonium capt.* 1689.

292. La Bataille de Fleurus. Lég. *Mars ultor fœderum violatorum.* Ex. *Ad Floriacum.* 1690.

293. Bataille navale. Lég. *Mersa et fugata Anglorum et Batavorum classe.* Ex. *Ad oras Angliæ* 1690.

294. La bataille de Staffarde. Lég. *Dux Sab. cum fœd. profligatus.* Ex. *Ad Staffardam.* 1690.

295. Les trois Batailles gagnées. Lég. *Victoria obsequens.* Ex. *Ad Floriacum ad littus Anglicum ad Staffardam.* 1690.

296. Quinze Galères sur l'Océan. Lég. *Portuum securitas.* Ex. *Quindecim triremes in Oceano.* 1690.

297. La Conquête de la Savoie. Lég. *Sabaudia subacta.* Ex. 1690.

298. La Flotte anglaise repoussée en Canada. Lég. *Francia in novo orbe victrix.* Ex. *Kebeca liberata.* 1690.

299. La Prise de Mons. Lég. *Tota Europa spectante et adversante.* Ex. *Montes hann. expug.* 1691.

300. La Prise de Nice. Lég. *Nicea capta.* Ex. 1691.

301. Nice et Mons pris en même temps. Lég. *Ab Austro et ab Aquilone.* Ex. *Ineunte aprili* 1691.

302. Le Combat de Leuse. Lég. *Virtus equitum præ-
torianorum.* Ex. *Pugna ad Leuzam XVIII
sept.* 1691.

303. La Prise de Montmélian. Lég. *Monsmelianus captus.* Ex. 1691.

304. La Prise de Namur. Lég. *Namurcum captum.*
Ex. *Sub oculis Germ., Hisp., Angl., Bat., centum millium.* 1692.

305. Même sujet. Lég. *Ludovicus magnus Namurc. urbem et arces XXX die. obsid. cœpit sub oculis
Hispan. Angl. Germ. Batav. centum mill.* Ex.
1692. Existe en 16 lig.

306. Le Combat de Stenkerque. Lég. *Virtus peditum
Francorum.* Ex. *Pugna ad Stenkercam.* 1692.

307. Autre Composition sur le même sujet. Lég. *De
Hispanis, Anglis, Germanis et Batavis.* Ex.
Ad Stenkercam. 1692.

308. Le combat de Phorzeim. Lég. *Fuso German. equitatu partis spoliis capto duce.* Ex. *Ad Phortsei-
mium Wirtemberg.* 1692.

309. Les Fortifications de cent cinquante villes. Lég.
Securitati perpetuæ. Ex. *Urbes aut arces munitæ
aut extructæ CL ab anno* 1661. *ad annum* 1692.

310. La Prise de Furnes et de Dixmude. Lég. *Mars
providus.* Ex. *Furnis et Dixmuda capt.* 1693.

311. L'institution de l'ordre militaire de Saint-Louis. Lég. *Virtutis bellicæ præmium.* Ex. *Ordo militaris S. Ludovici institutus* 1693.

312. La Décoration de l'Ordre de Saint-Louis. Lég. *Ordo militaris S. Ludovici a Ludovico Magno institutus* 1693.

313. La Prise de Rozes. Lég. *Rhoda Catalon. iterum capta.* Ex. 1693.

314. La Défaite de la Flotte de Smyrne. Lég. *Commercia hostibus interclusa.* Ex. *Navibus capt. aut incens. ad fretum Gaditan.* 1693.

315. La Bataille de Nerwinde. Lég. *Cæsa host. XX mill. tormenta bell. capt. LXXVI signa relata XC.* Ex. *de fœderatis ad Nervindam* 1693.

316. La bataille de Marsaille. Lég. *Victoria Transalpina.* Ex. *Ad Marsal taurin.* 1693.

317. La Prise de Charleroy. Lég. *Securitas imperii propagati.* Ex. *Caroloregium captum* 1693.

318. La Marine florissante. Lég. *Splendor rei navalis.* Ex. 1693.

319. Marques d'honneur accordées aux Pilotes et aux Matelots. Lég. *Virtuti nauticæ præmia data.* Ex. 1693.

320. La Bataille du Ter. Lég. *Victoria Celtiberica.* Ex. *Trans Pireneos ad Teram. fl.* 1694.

4

321. La Prise de Palamos. Lég. *Palamo vi capta.* Ex. 1694.

322. Défaite des Anglais à Brest. Lég. *Custos oræ aremoricæ.* Ex. *Batav. et Angl. ad littus aremoricum cæsis* 1694.

323. La Prise de Gironne. Lég. *Gerunda capta.* Ex. 1694.

324. La France pourvue de Blé par les soins du Roi. Lég. *Annona augusta.* Ex. *Fugatis aut captis Batav. navib.* 1694.

325. La Marche de Monseigneur le Dauphin au Pont d'Espierre. Lég. *Militum alacritas.* Ex. *Delphini ad Scaldim iter.* 1694.

326. La Prise de Dixmude et de Deinsse. Lég. *Hostes ad deditionem coacti VII M.* Ex. *Deinssium et Dixmuda capt.* 1695.

327. Dunkerque garantie du bombardement. Lég. *Dunquerca illæsa.* Ex. 1695.

328. Prises faites par les Armateurs français. Lég. *Indicæ hostium opes interceptæ.* Ex. 1695.

329. La Flotte hollandaise défaite à la vue du Texel. Lég. *Incens. aut capt. host nav. oner. XXX bell. III.* Ex. *Ad Texellam* 1696.

33o. Même sujet. Lég. *Attonita Batavia.* Ex. *Incensis*

aut cap. nav. oneratis XXX. bellicis III ad Texellam 1695.

331. La Campagne de 1696. Lég. *Mars in hostili sedens.* Ex. 1696.

332. La Paix avec la Savoie. Lég. *Minerva pacifera.* Ex. *Pax Sabaudiæ* 1696.

333. La Prise d'Ath. Lég. *Tenera Gallis patens.* Ex. *Atha capta* 1697.

334. La Prise de Carthagène en Amérique. Lég. *Hispanorum thesauri direpti.* Ex. *Carthago Americana vi capta* 1697.

335. La Prise de Barcelonne. Lég. *Binis castris deletis* Ex. *Barcino capta* 1697.

336. Ath, Barcelonne et Carthagène pris la même année. Lég. *Victoria comes Francorum.* Ex. 1697.

337. La France toujours victorieuse. Lég. *Gallia invicta.* Ex. *Bello per decennium feliciter gesto.* 1697.

338. Les Conquêtes du Roi. Lég. *Victori perpetuo.* Ex. *Ob expug. CCCL. Urb. ab an.* 1643. *Ad an.* 1697.

339. La Paix de Riswick. *Virtus et equitas.* Ex. *Pacata Europa* 1697.

340. Deuxième Médaille sur la Paix. Lég. *Pater Pa-*

triæ. Ex. *Pax cum Germ., Hisp., Angl., et Bat.*
1697.

341. Troisième Médaille sur la Paix. Lég. *Salus Europæ.* Ex. *Pax terra marique parta.* 1697.

342. Le Mariage de Monseigneur le Duc de Bourgogne. Lég. *Tædis felicibus.* Ex. *Maria Adelais Sabaudiæ, Ludovico Burgundiæ duci nupta.* 1697.

343. Autre composition sur le même sujet. Les Bustes du Duc de Bourgogne et de la Princesse de Savoie en regard. Lég. *Ludovici Burgundiæ ducis et Mariæ Adelaidis Sabaudiæ connubium.* Ex. 1697.

344. Le Camp de Compiègne. Lég. *Militaris institutio ducis Burgundiæ.* Ex. *Castra compendiensia* 1698.

345. La Statue équestre du Roi. Lég. *Optimo principi.* Ex. *Lutetia.* 1699.

346. Hommage rendu par le Duc de Lorraine. Lég. *Hommagium ligium Leop. Loth. d. ob ducat. Barensem.* Ex. 1699.

347. Neubrissac. Lég. *Securitas Alsatiæ.* Ex. *Neobrisacum.* 1699.

348. Édit contre les Fainéans. Lég. *Pietas optimi principis.* Ex. *Vetita, desidiosa mendicitas.* 1700.

349. Édit contre le Luxe. Lég. *Providentia servatrix.* Ex. *Sumptuariæ leges renovatæ* 1700.

350. La Chambre du Commerce. Lég. *Sex viri commerciis regundis.* Ex. 1700.

351. Avènement de Monseigneur le Duc d'Anjou à la couronne d'Espagne. Lég. *Rex Hispanorum votis concessus.* Ex. *Phil. dux Andeg.* 1700.

352. Même sujet. Buste du Duc d'Anjou. Lég. *Philippus. dux Andeg. Lud. delp. f. Lud. mag. nep. Hisp. et Ind. rex.* Ex. 1700.

353. L'Union de la France et de l'Espagne. Lég. *Concordia Franciæ et Hispaniæ.* Ex. 1700.

354. Le Départ du Roi d'Espagne. Lég. *Profectio Philippi V. Hispaniarum Regis.* Ex. *IV decembris* 1700.

355. La Journée de Crémone. Lég. *Virtus doli victrix.* Ex. *Cremonia servata I februarii* 1702.

356. Le Combat de Luzara. Lég. *Virtus avita.* Ex. *Philippus V. Hispaniarum Rex. Ludovici Magni nepos de Germanis ad Luceriam Mantuæ. XX augusti* 1702.

357. La Bataille de Fridlingen. Lég. *Trajecto Rheno.* Ex. *De Germanis ad Fridelingam. XIV octobris* 1702.

358. La Prise du Fort de Kell. Lég. *Rhenus Gallis adsertus.* Ex. *Kella recepta X martii* 1703.

359. Le Combat d'Ekeren. Lég. *Junctis auspiciis.* Ex. *Galli et Hispani de Batavis ad Ekeram. XXX junii* 1703.

360. La Prise de Brisac. Lég. *Expeditio ducis Burgundiæ.* Ex. *Brisacum captum. VII septembris* 1703.

361. La Bataille de Spire et la Prise de Landau. Lég. *Victis ad Spiram hostibus.* Ex. *Landavia capta. XVII septembris* 1703.

362. La Prise de Verceil. Lég. *Vercellæ captæ.* Ex. *XX julii* 1704.

363. Le combat naval de Malaga. Lég. *Oræ Hispanicæ securitas.* Ex. *Anglorum et Batavorum classe fugata ad Malacam XXIV augusti* 1704.

364. La Prise d'Ivrée. Lég. *Eporedia capta.* Ex. *XXIX septembris* 1704.

365. La Prise de Verue. *Constantia exercitus.* Ex. *Verruca capta IX aprilis* 1705.

366. La Bataille de Cassano. Lég. *De Germanis.* Ex. *Ad Cassanum XVI augusti* 1705.

367. La Prise de Nice. Lég. *Nicæa iterum expugnata.* Ex. *IV januarii* 1706.

368. La Bataille d'Almanza. Lég. *Adsertum Philippo V.*

Hispaniarum imperium. Ex. Hostibus ad Al-manzam cæsis. XXV april. 1707.

369. Les Lignes de Stolhoffe forcées. Lég. *Patefacti Germaniæ aditus.* Ex. *Vallo Stoloffensi dis-jecto XXII maü* 1707.

370. La Levée du Siége de Toulon. Lég. *Pulsis ad Varum hostibus.* Ex. *Telo obsidione liberatus XX augusti* 1707.

371. La Prise de Lérida. Lég. *Nova gloria.* Ex. *Ilerda expugnata XI nov.* 1707.

372. La Prise de Tortose. Lég. *Auxiliorum præstan-tia.* Ex. *Dertosa capta XI julii* 1708.

373. La Naissance de Louis XV. Lég. *Novum regiæ stirpis incrementum.* Ex. *Ludovic. Lud. Burg. duc. fil. Lud. delph. nep. Lud. mag. pron. nat. XV febr.* 1710.

374. Autre composition sur le même sujet. Lég. *Sicut oliva fructifera in domo Dei.* Ex. 1710.

375. La Bataille de Villa-Viciosa. Lég. *Victoria redux.* Ex. *Hostes deleti ad Villam Viciosam X decembris* 1710.

376. La Prise de Gironne. Lég. *Gerunda iterum ex-pugnata.* Ex. *XXV januarii* 1711.

377. La Défaite des ennemis à Denain et la Levée du Siége de Landrecy. Lég. *Perrupto Dononiensi*

vallo. Ex. *Landrecium liberatum II augusti* 1712.

378. La Prise de Barcelonne. Lég. *Hispania stabilita.* Ex. *Barcino in potest. Philippi V. redacta XII septembris* 1712.

379. Suite de la Campagne de 1712. Lég. *Marti liberatori.* Ex. *Duaco querceto Buchemio recuperatis.* 1712.

380. La Renonciation. Lég. *Saluti publicæ.* Ex. *Regnandi jus mutuo sacramento remissum.* 1713.

381. La Paix d'Utrecht. Lég. *Spes felicitatis orbis.* Ex. *Pax ultrajectensis XI ap.* 1713.

382. Autre sur le même sujet. Lég. *Liberatori pacifico.* Ex. *Præf. ins. cons.* 1713.

383. La Campagne de 1713. Lég. *Mars debellator.* Ex. *Landavia et Friburgo expugnatis.* 1713.

384. La Paix de Rastadt. Lég. *Ubique pax.* Ex. *Fœdus Rastadiense VI martii* 1714.

385. La Constance du Roi dans tous les évènemens. Lég. *Omnium ordinum consensü.* Ex. 1715.

386. Autre sur le même sujet. Lég. *Recte constanter et fortiter.*

387. La Mort du Roi. Lég. *Suprema virtutum merces.* Ex. *Obiit* 1er *septembris* 1715.

MÉDAILLES DE DIVERS MODULES

DU RÈGNE DE LOUIS XIV,

QUI N'EXISTENT PAS EN 18 LIGNES.

388. LE BUSTE DE ANNE D'AUTRICHE. Lég. *Anna d. g. Fr. et Nav. Reg.* — 1ᵉʳ Rev. Le premier Lit de Justice. Lég. *Regnum non pendet ab annis.* Mod. 24 lig.

389. 2ᵉ Rev. La Régence. Lég. *Errantes statione beat.* Ex. 1643. Mod. 24 lig.

390. 3ᵉ Rev. Les beaux jours de la Régence. Lég. *Cælesti ratione regens.* Ex. 1644. Mod. 26 lig.

391. LE BUSTE DU ROI.—Rev. L'Académie royale de Peinture et de Sculpture établie à Paris et à Rome. Lég. *Scholæ augustæ.* Ex. *Acad. reg. Pict. et Sculpt. Lutetiæ et Romæ institut.* 1647. Mod. 28 lig.

392. BUSTE DE LA REINE MÈRE. — Se frappe avec le Buste du Roi. Lég. *Anna d. g. Fr. et Nav. Reg.* Mod. 12 lig. Cette médaille est à bellière.

393. La Cérémonie du lendemain du Sacre. Lég. *Lumen de numine. de lumine numen.* Cette médaille est ovale, à bellière et fort petite.

394. Le Buste de la Reine.—Lég. *Anna D. g. Fr. et Nav. Reg.* Rev. La devise de la Reine. Lég. *Diva se jactat alumna.* Ex. 1660. Mod. 16, 22 et 26 lig.

395. Buste du Roi.—Rev. Cérémonies du Mariage du Roi. Lég. *Fœcundis ignibus ardet.* Ex. 1660. Mod. 24 lign.

396. Buste du Cardinal Mazarin. Lég. *Julius Cardinalis Mazarinus.*—Rev. Un Rocher au milieu d'une mer agitée. Lég. *Quam frustra et murmure quanto!* Ex. 1659. Mod. 28 lig.

397. 2ᵉ Rev. Des Torrens d'eau. Lég. *Hinc ordo, hinc copia rerum.* Ex. 1660. Mod. 24 lig.

398. 3ᵉ Rev. Un OEil. Lég. *Et nutum fata sequuntur.* Ex. 1660. Mod. 24 lig.

399. 4ᵉ Rev. Une Ancre. Lég. *Firmando firmior hœret.* Ex. 1660. Mod. 16 lig.

400. Buste du Roi. — Rev. Le Port de Rochefort. Lég. *Acunctis. jam. tuta. procellis.* Mod. 22 lig.

401. Le Traité ou la Paix des Pyrennées. Lég. *Æternæ concordiæ Franciæ et Hispaniæ.* Ex. 1660. Mod. 18 et 30 lig.

402. La constance et l'assiduité du Roi. Lég. *Constantia vigilantissimi Principis.* Mod. 20, 24 et 32 lig.

403. Buste de la Reine, par Warin.—Rev. La de-

vise de la Reine. Lég. *In fœdera veni.* Ex. 1662.
Mod. 16 lig.

404. Buste du Roi. — Rev. La Sûreté publique, inscription. *Assertori securitatis publicæ.* Mod.
16 et 26 lig.

405. Le Roi délivrant des Captifs. Lég. *Capt. ex. Afr.
catastis redempti.* Ex. 1663. Mod. 22 lig.

406. L'Alliance avec les Suisses. Lég. *Nulla dies sub
me natoque hæc fœdera rumpet.* Ex. *Fœdere
Helvetico instaurato* 1663. Mod. 30 lig.

407. Projets du chevalier Bernin pour la façade du
Louvre. Lég. *Majestati. ac. æternit. Gall. imperii. sacrum.* Mod. 16, 22 et 32 lig.

408. Prise de Tournay et de Courtray. Lég. *Civitates
Tornacensis et Curtracensis.* Ex. 1667. Mod.
36 lig.

409. La Campagne de Flandre. Lég. *Jus augustæ conjugis vindicatum.* Ex. *Expeditio Belgica prima*
1667. Mod. 32 et 16 lig.

410. L'Institution de l'Académie royale des Sciences.
Lég. *Apollo Palatinus.* Ex. *Regia Scient. Acad.
inst.* 1667. Mod. 26 lig.

411. Vue de la Façade du Louvre du côté des Tuileries.
Lég. *Majestati. ac. æternit. Gall. imperii. sacrum.* Ex. 1667. Mod. 22 et 32 lignes.

412. La Devise du Roi. Lég. *Nec pluribus impar.* Ex. 1667. Mod. 36 lig.

413. La Navigation rétablie. Lég. *Navigatio instaurata.* Ex. 1668. Mod. 22. lig.

414. Le Buste du Prince de Condé. *Lud. Dux Borbonius. Princeps. Condeus.*—Rev. Une Renommée. Lég. *Materies superabit opus.* Ex. 1668. Mod. 24 lig.

415. Buste du Roi.—Rev. La ville de Paris. Lég. *Felicitas publica.* Ex. *Lutetia* 1672. Mod. 26 et 36 lig.

416. Le Passage du Rhin. Lég. *Rheno Batavisque una superatis.* Ex. 1672. Mod. 24 lig.

417. La prise de 12 villes en Hollande. Lég. *Solisque labores.* Mod. 28 et 30 lig.

418. L'Ordre militaire de Saint-Lazare de Jérusalem. Lég. *Ordo. milit. S. Lazari. Hierosol. restitutus.* Ex. *Rege assertore et summo duce* 1672. Mod. 20 lig.

419. Victoires remportées sur mer. Lég. *Quas condidit eruit arces.* Ex. 1673. Mod. 24 lig.

420. La prise de la ville et de la citadelle de Besançon. Lég. *Bis Ludovicus Cæsar semel.* Ex. *Vesuntio iterum capta* 1674. Mod. 32, 30 et 16 lig.

421. Victoires sur le Rhin. Lég. *Francorum exercitus*

ad Rhenum ter victor. Ex. *Regi invictissimo*
1674. Mod. 22 et 24 lign.

422. La ville de Paris (Embellissemens que reçoit la
Capitale.) Lég. *Ornata et ampliata urbe.* Ex.
Lutetia. Mod. 26 et 32 lig.

423. La Prise de Cambray. Lég. *Imp. finibus. ab host.
incursionibus liberatis.* Ex. *Cameracum captum*
1677. Mod. 26 lig.

424. La Ville de Cambray réunie à la Couronne. Lég.
Dulcius vivimus. Ex. *Cambray.* Mod. 22 lig.

425. La Providence veillant sur le Roi. Lég. *Saluti. opt.
princ. et fortiss. pugnatoris.* Mod. 24 lig.

426. La Prise de Saint - Omer. Lég. *Exercitu e Cas-
sellenci prælio redeunte.* Ex. *Audomaropolis de-
dita.* 1677. Mod. 30 lig.

427. Le Secret des Résolutions du Roi. Lég. *Comes
Consiliorum.* Mod. 24 lig.

428. Les Edifices royaux continués pendant la guerre
Lég. *Fervet opus nec bella morantur.* Ex. *Ædif.
reg.* 1678. Mod. 22 lig.

439. Les Travaux du Roi. Lég. *Quantos minimoque la-
bore labores.* Mod. 24 lig.

430. La gloire acquise par le Roi à la tête de ses ar-
mées. Lég. *Gloria Francorum.* Mod. 26 lig.

431. La Paix générale. Lég. *Pacatori orbis.* Ex. 1679. Mod. 3o lig.

432. Inscription sur le même sujet. Lég. *Ludovicus magnus rex christianissimus raro moderationis - exemplo*, etc... Mod. 36 lig.

433. La Sûreté du Royaume. Lég. *Securitas Galliarum.* Ex. 1679. Mod. 3o lig.

434. Les Edifices royaux (construits après la paix). Lég. *Pace data œdificat.* Ex. *Ædif. regia.* 1679. Mod. 24 lig.

435. La Gloire du Roi. Lég. *Qua patet immensi machina Cœli.* Mod. 18 lig.

436. La Devise du Roi. (Autre.) Lég. *Sibi. soli. par.* Mod. 24 lig.

437. Le Canal des deux Mers. Lég. *Juncta Maria.* Ex. *A Garumna ad montem Setium fossa perducta* 1681. Mod. 32 lig.

438. Strasbourg assujéti et Casal remis au Roi. Inscription. *Quod Argentorato eodemque die Casalis arce in fidem accepta*, etc. Mod. 26 lig.

439. La Réduction de Strasbourg. Lég. *Non ferro sed jure redacta.* Ex. *Argentina.* 1681. Mod. 28 lig.

440. L'Evêque de Strasbourg rétabli. Lég. *Sacra restituta.* Ex. *Argentorat. recept.* 1681. Mod. 28 et 32 lig.

441. Un Tournesol. Lég. *Au gré de mon soleil.* Ex. 1681. Mod. 26 lig.

442. La Mort de la Reine. Lég. *Pietas et Pudicitia.* Ex. 1683. Mod. 32. lig., et 16 avec la tête de la Reine.

443. Médaille à l'honneur du Roi, après la Prise de Luxembourg. Inscription. *Quod bello ab Hispanis lacessitus,* etc. Mod. 26 et 36 lig.

444. La Trève. Lég. *Jussit quiescere.* Ex. *Induciæ* 1684. Mod. 16 et 26 lig.

445. Les Conquêtes du Roi. Lég. *Victori perpetuo.* Ex. *Ob expugnatas urbes CC.* Mod. 16 et 28 lig.

446. Pose de la première pierre du Pont-Royal. Inscription. *Urbis ornamento et commodo pons ad Luparam constr. ann.* 1685. Mod. 32 lig.

447. Etablissement d'un Séminaire à Brest. Inscription. *Ludovicus magnus ut maris imperium virtute partum,* etc. 1685. Lég. *Tu dominaris potestati maris.* Mod. 28 lig.

448. La Statue du Roi en pied à la place des Victoires. Lég. *Patri exercituum et ductori semper felici.* Ex. *Franc. vice com. d'Aubusson posuit in arca publ. Lutetiar. ann.* 1686. Mod. 28 lig.

449. Inscription sur le Rétablissement de la Santé du Roi. Lég. *Ludovico magno quod solutis in*

œde deiparæ pro restituta salute votis in Ba-silica, etc. Mod. 22 et 32 lig.

450. Autre Médaille sur le même sujet. Lég. *Incolu-mitas publica.* Ex. *Ob rest. princ. salut. joa. ant. de Mesmes. com. d'Avaux. apud Bat. leg. ext. CC.* 1687 .... Mod 32 lig.

451. Vue du Château de Versailles. Lég. *Coluit magis omnibus unam.* Ex. *Versaliæ* 1687. Mod. 16 et 30 lig.

452. Hercule au berceau étouffant des serpens. Lég. *Monstris dant funera cunæ.* Rev. Trois plumes au milieu d'une Couronne. Lég. *Fulta tribus metuenda corona.* Ex. 1688. Mod. 12 lig.

453. Buste du Roi. — Rev. La Religion et la Justice bases du gouvernement du Roi. Lég. *Hinc su-prema lex.* Lég. 1688. Mod. 26 lig.

454. La Fontaines d'Ypres. Lég. *Fundit inexhaustas.* Ex. *Ipræ* 1689. — Rev. Un Soleil rayonnant. Lég. *Nobis jam inclius nitet.* Ex. *Castell. Ipr.* 1689. Mod. 20 lig.

455. Buste du Roi. — Rev. La Prise de Mons. Lég. *Extendit manus suas super montes et contur-bavit regna.* Ex. *Prœludia veris.* 1691. Mod. 32 lig.

456. Inscription sur le même sujet. Lég. *Montium urbs*

belg. munitis. hann. caput. , etc. 1691... Mod.
28 lig.

457. Les Attributs du Garde-des-Sceaux. Lég. *Manet.
qùœ. prior. humanitas.* Ex. 1691. Mod. 32 lig.

458. Les Armes de la Ville de Bergues. Lég. *Sic fulmina temnit.* Ex. *Berga* 1692. Mod. 20 lig.

459. Les Armes de la Ville de Furnes. Lég. *Tuti quos
servat.* Ex. *Furnæ* 1692. Mod. 20 lig. ·

460. Les Armes de la Ville de Dunkerque. Lég. *Hoc
numine felix.* Ex. *Dunkerca* 1692. Mod. 20 lig.

461. Naissance du Duc de Berry.Lég. *Felicitas domus
augustæ.* Ex. *Car. d. Bitur.* 1693. Mod. 26 et
36 lig. 16 et 12 lig.

462. Le Maître-autel de l'église Notre-Dame à Paris. Lég.
Votum a patre nuncupatum solvit. Ex. *Aram
posuit* 1699. Mod. 30 lig. (Vœu de Louis XIII.)

463. L'Académie Française. Lég. *Prix de poésie* 1699.
A l'Immortalité. Ex. *L'Académie française.*
Mod. 24 lig.

464. Buste de Philippe V, roi d'Espagne. Lég. *Philippus V d. g. Hispaniarum et Indiarum rex.*
Rev. Arrivée et Réception du Roi d'Espagne
sur la frontière. Lég. *Hispania felix.* Ex. *Adventus regis optatissimus.* 1701. Mod. 26 lig.

465. Le Buste du Cardinal de Noailles. Lég. *Ut
sapiens architectus fundamentum posuit.* Ex.

Lud. Ant. Card. de Nöailles dux par. Franciæ archiepiscopus Paris. — Rev. Achèvement de la construction de l'église Saint-Louis-en-l'île, à Paris. Lég. *De Ludovico sacrum in ins. inchoatum anno* 1664. *continuatum a.* 1702. Ex. *Regis liberalitas et parochianorum Jacobus Luillier, etc.* Mod. 26 lig.

466. BUSTE DU ROI. — Rev. Inscription sur la Paix d'Utrech. Lég. *Quod sævissimo bello feliciter confecto Hispaniarum regnum, etc.* 1713. Mod. 32 lig.

467 Autre Médaille sur la Paix. Lég. *Uni debemus utramque.* Ex. *Victoria pacem fecit* 1714. Mod. 26 lig.

468. Autre composition. Lég. *Honos et virtus.* (Sans date.) Mod. 24 lig.

469. Renouvellement du Vœu de Louis XIII accompli par Louis XIV. Lég. *Votum a patre nuncupatum solvit.* Ex. *Aram posuit* 1714. Mod. 30 lig.

470. Les Magasins ou Entrepôt pour le Sel. Lég. *Providentia principis.* Ex. 1714. Rev. Inscription. *Ludovicus magnus pace terra marique terra, etc.* Mod. 36 lig.

471. La Statue équestre de Lyon. Lég. *Ludovico magno victori pacifico.* Ex. *Sub Villaregio pro rege præf. coss. Lugd. PP* 1714. Mod. 32 lig.

MÉDAILLONS ET MÉDAILLES

DES PERSONNAGES DE MARQUE

DU RÈGNE DE LOUIS XIV,

PAR ORDRE DE DATE.

472. BUSTE DE JÉRÔME BIGNON. Lég. Jérôme Bignon, avocat-général.—Rev. Ses Armes. Lég. *Né le 24 août* 1590, *mort le 7 avril* 1656. Mod. 12 lig.

473. Le Même Buste. — Revers lisse. Mod. 18 lig.

474. BUSTE DE CHRISTOPHE LEVI, vice-roi du Canada. Lég. *Fr. Christ. de Levi. d. Dampville p. Franc. pro rex Americæ.* — Rev. Ses Armes. Lég. *Exte enim exict dux regat populum meum.* Mod. 22 lig. date du graveur. 1658.

475. BUSTE DE GASTON DE FRANCE. Lég. *Gasto Henrici magni filius.* Rev. Inscription entre des palmes et des lauriers. Lég. *Ecce plus quam Salomon hic.* 1660. Mod. 16 lig.

476. BUSTE DU CHANCELIER SEGUIER. Lég. *Pet. Seguier Fr. cancel. dux Villemort.* — Rev. Une Table couverte d'un Tapis fleurdelisé. Lég. *Hic omnia jure resolvit.* Ex. 1663. Mod. 24 lig.

477. Buste de Léonard de Vinci. Lég. *Leonardus Vincius Florentinus.*—Rev. Une Plume et un Pinceau en sautoir. Lég. *Scribit quam suscitat artem.* Ex. 1669. Mod. 24 lig.

478. Buste de Michel - Ange. Lég. *M. Angelius bonarotus patritius Florentinus.* — Rev. Le Torse antique. Lég. *Fœliciter junxit.* Ex. 1673. Mod. 24 lig.

479. Buste de Colbert. Lég. *Joann. Bapt. Colbert regni administer regi ab intimis consiliis et mandatis.*—Rev. Le Dragon du Jardin des Hespérides. Lég. *Abstinet et servat.* Ex. 1674. Mod. 28 lig.

480. Même Buste. — Rev. Inscription. *Ærarii rationes perturbatas et hactenus,* etc. Mod. 26 lig.

481. Même Buste.—Autre Revers. Lég. *Fide et Prudentia.* Ex. *Obiit VI septembris an.* 1683. Mod. 36 lig.

482. Même Buste. —Autre Revers. Lég. *Æquabilitas universæ vitæ.* Ex. *Vixit an LXXXIII.* Mod. 28 lig.

483. Le Buste de Hyacinthe Serroni. Lég. *Hyaci. Serronis primus Albiensium archiepisc.* — Rev. Ce Prélat en habits sacerdotaux. Lég. *Albiensis ecclesiæ dignitas amplificata.* Ex. 1678. Mod. 26 lig.

484. Buste de Le Brun. Lég. *Car. Le Brun eques. prim. pictor. regis.* Ex. 1684. — Rev. Le Torse antique. Lég. *Hæ tibi erunt artes.* Mod. 24 lig.

485. Buste de Warin. Lég. *Jean Warin, cons^r. d'É-tat. intend. g'. d. bâtim. et d. mo. d. F.* — Rev. Les Attributs des Arts. Lég. *Une seule suffisait pour le rendre immortel.* Ex. 1684. Mod. 24 lig.

486. Buste de Michel Letellier. Lég. *Michael Letellier. Franciæ cancellarius.* — Rev. La Justice. Lég. *Fortunatæ virtuti.* Ex. *Filiorum pietas* 1684. Mod. 26 et 36 lig.

487. Buste de Boucherat. Lég. *Lud. Boucherat Galliarum cancellarius.* Rev. La Justice. Lég. *Justitiæ comes beneficentia.* Ex. 1685. Mod. 36 lig.

488. Pontchartrain.—Inscription. *Louis Phelippeau, comte de Pontchartrain, chancelier,* etc. 1700. Rev. *Les Armes de Pontchartrain.* Mod. 16 lig.

489. Buste de Mansart. Lég. *Julius Hardouin. Mansart. com. sag. s. reg. æd. pr.* — Rev. Minerve entourée des attributs des arts. Lég. *Et protegit et colit artes.* Ex. 1702. Mod. 16 lig.

490. Buste de Maximilien Titon. Lég. *Maximilianus. Titon. armis. cadendis. præf.* — Rev. Des Trophées d'armes. Lég. *Jovis parat arma triumphis.* Ex. 1705. Mod. 24 lig.

491. BUSTE DE PAUL BIGNON. Lég. *Joannes. Paulus. Bignon natus* 19 *septemb.* 1662. — 1ᵉʳ Rev. Inscription. *Joannes. Paulus. Bignon. abbas. Sᵗⁱ Quintini comes consiliorum*, etc. Mod. 18 lig.

492. 2ᵉ Revers. Minerve et la Justice se donnant la main. Lég. *Doctrina et equitas.* Ex. 1704. Mod. 18 lig.

493. 3ᵉ Revers. Inscription. *Jean Paul Bignon, abbé de Saint-Quentin*, etc. Ex. 1704. Mod. 18 lig.

494. BUSTE DE LA DUCHESSE DU MAINE. Lég. *L. Bar. d. sc. d. p. d. l. o d. l. m. a. m.* — Rev. L'ordre de la Mouche à miel. Lég. *Piccola si ma fa. pur gravi le ferite.* Ex. 1703. Mod. 12 lig.

495. UN HIBOU PERCHÉ SUR UNE BRANCHE D'OLIVIER. Lég. *Dat præstare aquilis tutela Minervæ.* Ex. *Noctes Situlæ.* — Rev. Inscription. *Dict. perp. Lud. B. Borbonia s. p. q. n. coss. H de La Force*, etc. Mod. 12 lig. (Cette médaille paraît avoir beaucoup de rapport avec la précédente.)

496. BUSTE DE L'ÉLECTEUR DE COLOGNE. Lég. *Jos. Clem. arch. Col. et s. r. j. elec. Bav. dux.* — 1ᵉʳ Revers. La Fidélité. Lég. *Fides inconcussa. eccl.* Ex. *In fide sua probitas.* 46-17. 1714. Mod. 20 lig.

497. 2ᵉ Revers. Un Arc-en-Ciel. Lég. *Recordabor fœderis mei.* (Sans date.) Mod. 20 lig.

498. 3ᵉ Revers. Cet Electeur donnant la confirmation. Ex. *Sic Christo mancipat quos regit.* (Sans date.) Mod. 20 lig.

499. Buste de Chamillart. Lég. *Michael Chamillart regi à sanctoribus consiliis ærarii præfectus.* Rev. Ses armes. Lég. *Vertendo accipiunt lucem.* (Sans date.) Mod. 26 lig.

500. Buste de la Princesse de Conti. Lég. *Mar. An. Borbon. Lud. m. f. l. pr. Conti. vidua.* — Rev. L'Aurore sur son char. Lég. *Solemque parentem quis neget.* (Sans date.) Mod. 30 lig.

501. Buste du Dauphin. Lég. *Lud. f. Delphinus. Lud. mag. filius.* — Rev. La Dauphine. Lég. *Mar. Ann. Christ. Vict. Lud. Delph. conjux.* (Sans date.) Mod. 30 et 32 lig.

502. Buste de Christine, Reine de Suède. Lég. *Regina. Christina.* — Rev. Un Soleil rayonnant. Lég. *Nec falso nec alieno.* (Sans date.) Mod. 18 lig.

503. Buste du Duc de Savoie. Lég. *Carolus Ema. d. g. dux Sab. p. ped. Cipri rex.* — Revers lisse. Mod. 24 lig.

504. Buste de Philippe de France. Lég. *Philippus. Franc. filius. Lud. mag. fra. unic.* — Rev. Une Bombe en éclats. Lég. *Alter post fulmina terror.* (Sans date.) Mod. 28 lig.

RÈGNE DE LOUIS XV *.

1. Buste de Louis XIV. Lég. *Ludovicus magnus rex christianissimus.* — Rev. Buste de Louis XV. *Ludovicus XV. D. g. Fr. et Nav. rex.*

2. Buste du Régent. Lég. *Philippus Aurelianensium dux regens.*—Rev. La Déclaration de la Régence. Lég. *Philippus dux Aurelianensium regens renunciatus.* Ex. *11 septembris* 1715.

3. Buste du Roi.—Rev. Buste du Régent.

4. Le Régent. —Rev. La Régence. Lég. *Par virtus oneri.* Ex. 1715.

5. *Idem.* — Application du Régent aux affaires de l'Etat. Lég. *Conservatori suo.* Ex. 1715.

6. *Idem.* — L'Espérance que donne le Roi. Lég. *Jubet sperare.* Ex. 1715.

7. *Idem.* — La Chambre de Justice. Lég. *Vindex avarœ fraudis.* Ex. Chambre de Justice 1716.

---

* Toutes ces Médailles du règne de Louis XV sont du diamètre de 18 lignes.

8. Le Régent. — Le Bonheur de la France. Lég. *Amat aurœ condere sœcla.* Ex. 1716.

9. *Idem.* — L'Education du Roi. Lég. *Accipe quœ peragenda priùs.* Ex. 1717.

10. *Idem.* — Entrevue du Roi et du Czar Pierre Ier. Lég. *Petri Russor Autokrator cum rege congressio.* Ex. *Lutetiœ.* 1717.

11. *Idem.* — Suppression de la Chambre de Justice. Lég. *Indulgentia principis.* Ex. *Repetundarum judicia sublata.* 1717.

12. Buste de la Duchesse d'Orléans, mère du Régent. Lég. *Eliz. Char. pal. Rhe. duciss. aurel.* — Rev. Cybèle. Lég. *Dis genita et genitrix deum.* Ex. 1717.

13. *Idem.* — Un Oranger. Lég. *Non solius veris honos.*

14. Louis XV. — Rev. Les Progrès du Roi. Lég. *Vis animi cum corpore crescit.* Ex. 1718.

15. Autre revers sur le même sujet. Lég. *Respondet curis.* Ex. 1718.

16. Autre revers sur le même sujet. Lég. *Tali se dea jactat alumno.* Ex. 1719.

17. La Prise de Fontarabie. Lég. *Pacis firmandœ ereptum pignus.* Ex. *Fontarabia capta XVI jun.* 1719.

18. L'instruction gratuite de la jeunesse. Lég. *Dos*

Minervæ. Ex. *Gratuita juventutis institutio fundata in Academ. Parisiensis.* 1719.

19. Visite du Roi à la Monnaie des Médailles. Lég. *Lustrando fovet et recreat.* Ex. *Dum suam numismatum fabricam inviseret* 1719.

20. Les Académies honorées de la présence du Roi. Lég. *Dux et Comes.* Ex. *Academiæ præsentia regis recreatæ.* 1719.

21. Rétablissement du Commerce de Rouen. Lég. *Firmata concilio commercia.* Ex. *IX viri Rothomagenses commerciis regundis.* 1719.

22. LA FOLIE. *Ridere regnare est.* — Rev. *Luna duce auspice Momo.* Ex. 1720.

23. LOUIS XV. — Rev. L'Instruction du Roi. Lég. *Stat cura omnis in uno.* Ex. 1720.

24. Louisbourg bâti et fortifié. Lég. *Ludovicoburgum fundatum et munitum.* Ex. 1720.

25. La Paix avec l'Espagne. Lég. *Tranquillitas Europæ.* Ex. *Pax cum Hispanis* 1720.

26. Réception de l'ambassadeur de Turquie. Lég. *Splendor nominis Gallici.* Ex. *Orator imperatoris Turcarum.* 1721.

27. L'Ile de la Guadeloupe fortifiée. Ex. *Guadalupa insula munita Philippo regente.* 1721.

28. La Construction d'un Phare fortifié. Lég. *Queis tutum faciant iter.*

29. Le Rétablissement de la santé du Roi. Lég. *Vota publica.* Ex. *Restituta regis sanitate. IV augusti* 1721.

30. Autre revers sur le même sujet. Lég. *Lætitia populi pro salute principis.* Ex. *IV augusti.* 1721.

31. Le Mariage projeté du Roi avec l'Infante d'Espagne. (Deux têtes). Lég. *Lud. XV. Fr. et Nav. Rex. Mar. Ann. Vict. Hisp. Inf.* Ex. *Ludovici magni pronepotes.* — Rev. L'Arrivée de l'Infante en France. Lég. *Pignus tranquillitatis publicæ.* Ex. 1721

32. Louis XV.—Rev. Le Congrès de Cambray. Lég. *Felix congressus.* Ex. 1721.

33. Les deux Têtes.—L'Entrée de l'Infante à Paris. *Fel. advent. Mar. Ann. Vict. Hisp. Reg. Fil.* Ex. *Lutetiæ XI mart.* 1722.

34. Buste de Louis XV.—Rev. Mariage d'Elisabeth d'Orléans avec le Prince des Asturies. Lég. *Lud. Eliz. Aurel. Lud. Ast. principi collocata.* Ex. 1722.

35. Le Sacre du Roi. *Rex cœlisti oleo unctus.* Ex. *Remis XXV oct.* 1722. Existe en 32 lig.

36. Autre sur le même sujet. Lég. *Jam regno maturus.* Ex. *Remis XXV oct.* 1722.

37. Le Roi après son Sacre. Lég. *Ludovicus XV rex christianissimus.* Ex. 1722.

38. Briançon bâti. Lég. *Tutela finium.* Ex. *Arx Brigantione condita Philippo regente.* 1722.

39. Rétablissement de l'Eglise du Saint-Sépulchre. Lég. *Pietas optimi principis* Ex. *S. Sepulchri Hierosol. Ædes rest.* 1722.

40. La Majorité. Lég. *Imperium susceptum.* Ex. *Anno ætatis XIV ineunte XVI febr.* 1723.

41. Autre revers sur le même sujet. Lég. *Imperium stabile.* Ex. 1723.

42. A la mémoire de Louis XIV. Lég. *Aeternae memoriae Ludovici XIV. pro avi sui.* Ex. 1723.

43. La Peste de Marseille. Lég. *Salus provinciarum.* Ex. *Pestilentia coercita.* 1723.

44. La Ville de Rennes rétablie. Lég. *Restauratori suo.* Ex. *Urbs Rhedonum e cinerib. renascens* 1723.

45. Promotion de Chevaliers du Saint-Esprit. Lég. *Decus et Merces.* Ex. *LVIII. Proceres torque donati. III junii* 1724.

46. Médiation de la France entre le Czar et la Porte. Lég. *Finium arbiter.* Ex. *Turcas inter Russos et Persas.* 1724.

47. La Paix entre le Czar et la Porte. Lég. *Virtutis et Justitiæ fama.* Ex. *Turcas-inter et Russos pax constituta. VIII julii* 1724.

48. Le Pont de Blois. Lég. *Augendo populorum commercio.* Ex. *Pons ligeri impositus ad Blesum castrum* 1724.

49. Le Mariage du Roi. Lég. *Spes maturæ felicitatis.* Ex. 25 *augusti* 1725.

50. La Cérémonie du Mariage du Roi. Lég. *Sedandæ populorum anxietati.* Ex. *Nuptiæ regiæ fontibellaqueo.* 1725. Existe en 32 lig.

51. Autre sur le Mariage. Buste de la Reine. Lég. *Maria regis Stanisl. fil. Fr. et Nav. regina. V septembris* 1725.

52. La Chasse. Lég. *Et habet sua castra Diana.* Ex. 1720.

53. Le Roi gouvernant selon les maximes de Louis XIV. Lég. *Exemplar regni.* Ex. *Avitum regimen restitutum.* 1726.

54. Etablissement de soixante mille hommes de milice. Lég. *Pater exercituum.* Ex. *LX. millia militum in provin. conscripta.* 1726.

55. Les Préliminaires de la Paix. Lég. *Spes pacis æternæ fundata.* Ex. *Præviis conditionibus sancitis lut. par. XXXI maii* 1727.

56. LES DEUX TÊTES DU ROI ET DE LA REINE en regard.—Rev. La Naissance des Dames de France. Lég. *Feconditas aug.* Ex. *Gemellæ regiæ natæ XIV augusti.* 1727.

57. LOUIS XV.—Rev. Les Compagnies de Cadets rétablies. Lég. *Nob. epheb. instit. milit. renovata.* Ex. 1727.

58. La Guérison du Roi. (Inscription.) *Vota suscepta et soluta pro salute optimi principis fontibellaq.* Ex. 1728.

59. Le Bombardement de Tripoli. Lég. *Tunetum supplex Tripolis incensa.* Ex. 1728.

60. Le Congrès de Soissons. Lég. *Conciliandis Europæ prinoipibus.* Ex. *Congressus Suessionensis* 1728.

61. Le Roi protecteur des Sciences et des Arts. Lég. *Hercules Musarum.* Ex. 1728.

62. La France toujours florissante. Lég. *Felicitas perpetua.* Ex. 1729.

63. L'ordre de Saint-Michel. Lég. *Regius S* Michaelis ordo.* Ex. 1729.

64. La Naissance de Monseigneur le Dauphin. Lég. *Vota orbis.* Ex. *Natales Delphini, IV septembris* 1729.

65. Même sujet. Inscription. *Salus domus augustæ propago imperii populorum felicitas.* 1730.

66. L'Hommage du Duc de Lorraine. Lég. *Hommagium ligium franc. Stephani Lotharing. ducis ob ducat. Barensem.* Ex. *I februarii* 1730.

67. La Naissance du Duc d'Anjou. Lég. *Novum perennitatis pignus.* Ex. *Dux Audegavens natus XXX aug.* 1730.

68. Le Pont de Compiègne. Lég. *Compendium ornatum et locupletatum.* Ex. *Ponte novo Isaræ imposito* 1730. Existe en 25 lig.

69. La Société académique de Chirurgie. Lég. *Apollo salutaris.* Ex. *Societas academica chirurg. Parisiens.* 1731.

70. La Ville de Metz fortifiée. Lég. *Pax provida.* Ex. *Metæ novis operibus munitæ* 1732.

71. La Bibliothèque du Roi augmentée. Inscription. *Quod bono reipublicæ litter. Consuluit bibliotheca regia X millib. codd. mss. auctâ.* 1732.

72. Les Camps. Lég. *Martis otia.* Ex. *Acies in castra distributæ.* 1732.

73. Les Grands Chemins. Lég. *Viæ publicæ.* Ex. 1733.

74. La Prise du Fort de Kell. Lég. *Kella recepta.* Ex. 1733.

75. La Conquête du Milanais. Lég. *Mars ultor.* Ex. *Insubria Austriacis erepta.* 1733.

76. La Bataille de Parme. Lég. *Profligati ad Parmam Germani.* Ex. *XXIX junii* 1734.

77. Inscription sur la Prise de Philipsbourg. Lég. *Rheno exundante et totius Germaniæ exercitu spectante Philippi burgum expugnatum.* Ex. *XVIII julii* 1734.

78. La Bataille de Guastalle. Lég. *De Germanis iterum.* Ex. *Ad Guastallam XIX septembris* 1734.

79. Les Allemands poussés au - delà de l'Adige. Inscription. *Pulsis ultra Athesim Germanis.* 1735.

80. Préliminaires de Paix conclus à Vienne. Lég. *Pacis nuntius.* Ex. *Præviis conditionibus Vindobonæ sancitis.* 1735.

81. Le Dauphin remis aux hommes. Lég. *Augendæ populorum felicitati.* Ex. *Regia Delphini institutio* 1736.

82. La Lorraine réunie à la France. Lég. *Minerva pacifera.* Ex. *Lotharing. et Bar. regno add.* 1737.

83. La Paix avec l'Allemagne. Lég. *Pax inita cum Germanis.* Ex. 1738.

84. La Pacification des troubles de Genève. Lég. *Respub. Genevensis pacata.* Ex. 1738.

85. Le Renouvellement du vœu de Louis XIII. Lég. *Avitæ pietatis hæres.* Ex. *Votum Lud. XIII renovatum* 1738.

86. L'Alliance avec la Suède renouvelée. Lég. *Fœdus cum Suecis redintegratum*. Ex. 1738.

87. Le Royaume des Deux-Siciles cédé à un Prince de la Maison de France. Lég. *Majestas domus augustæ*. Ex. *Recepto utriusque Siciliæ regno*. 1738.

88. Médiation du Roi entre l'Allemagne, la Russie et la Porte. Lég. *Virtutis et justitiæ fama*. Ex. *German. et Russ. pax cum Ottoman. conciliata*. 1739.

89. Mariage de Madame. Lég. *Heroum propago*. Ex. *Lud. Eliz. r. f. nupta. Phil. Hisp. Infanti*. 1739.

90. Les Rebelles de Corse soumis. Lég. *Rebelles Corsicæ motus compressi*. Ex. 1740.

91. L'Académie de Dijon. Lég. *Certat tergeminis tollere honoribus*. Ex. *Academia Divionensis*.

92. Secours portés aux Alliés. Lég. *Mars auxiliator*. Ex. *Expeditio Germanica* 1741.

93. L'Ambassade de Turquie. Lég. *Colendæ regis amicitiæ*. Ex. *Ad imperat. Turcarum legatio altera* 1742.

94. Le Départ du Roi pour la Flandre. Lég. *Spes exercituum*. Ex. *Profectio augusti in Belgium* 1744.

95. La Prise d'Ipres. Lég. *Iprœ intra dies XII subactæ*. Ex. *XXVII jun.* 1744.

96. La Prise de Ménin. Lég. *Virtus et præsentia regis*. Ex. *Menina intra dies VII expugnata IV jun.* 1744.

97. La Prise de Furnes. Lég. *Furna capta.* Ex. *X jul.* 1744.

98. Le Passage du Rhin. Le Roi, des bords de l'Escaut, marche avec son armée sur le Rhin. Lég. *Vindex Alsatiæ.* Ex. *Signis a Sclaldi ad Rhenum conversis* 1744.

99. La Maladie du Roi à Metz. Lég. *Luctus nulli ævo cognitus.* Ex. *Rege graviter ægrotante Metis mense aug.* 1744.

100. La Convalescence du Roi. Lég. *Deo conservatori.* Ex. *Rege vinculis mortis soluto Metis mense aug.* 1744.

101. Rétablissement de la Santé du Roi. Lég. *Gallia reviviscens.* Ex. *Salvo principe dilectissimo.* 1744.

102. Inscription sur le Rétablissement de la santé du Roi. *Porticum ædiss. step. ab eccles. meten. decr. et inchoatam rex opis divinæ memor impensa sua perfecit.* Lég. *Ob restit. in urbe Met. an. 1744. opt. princ. salutem.* Ex. *Curant. maresc. duc. d'Estrées præfect. prov. anno 1764.*

103. La Campagne d'Italie. Lég. *Inalpinæ gentes subactæ.* Ex. 1744.

104. La Prise de Fribourg. Lég. *Augusti convalescentis expeditio.* Ex. *Friburgum Brisgoiæ expugnatum VI novembris* 1744.

205. L'Académie des Sciences envoie des Astronomes

aux deux Pôles. Lég. *Mensor orbis terrarum.* Ex. *Missis ad æquatorem et polum articum as-tronomis.* 1744.

106. Mariage de Monseigneur le Dauphin. Lég. *Novum domus augustæ vinculum.* Ex. *Mar. Ther. Hispan. regis fil. Ludov. Delphino nupta.* 1745.

107. Autre revers sur le même sujet (deux têtes). Lég. *Ludovici Delphini et Mariæ Ther. Hispan. regis fil. connubium.* Ex. 1745.

108. La Campagne d'Italie. Lég. *Expeditio Italica.* Ex. 1745.

109. La Bataille de Fontenoy. Lég. *Decus imperii Gallici.* Ex. *Hostes ab ipsomet rege fusi ad Fontenoium XI maii* 1745.

110. La Prise de Tournay. Lég. *Urbs arxque Tornacensis expugnatæ.* Ex. *XXII maii et XIX junii* 1745.

111. Les Conquêtes du Roi. Lég. *Victoris celeritas et constantia.* Ex. *Præcipuæ Belgii austriaci urbes subactæ* 1745.

112. La Prise de Bruxelles. Lég. *Mars hyemis immemor.* Ex. *XXI februarii* 1746.

113. La Prise de six villes de Flandre. Lég. *Indefessa Gallorum virtus.* Ex. *Residuæ Belgii austriaci urbes expugnatæ* 1746.

114. La Bataille de Rocoux. Lég. *Expeditionis Belgi-cæ complementum*. Ex. *Hostes ad Raucosium fusi XI octobris* 1746.

115. Réglemens du Roi. Lég. *Leges emendatæ*. Ex. 1747.

116. Secours donnés à la république de Gênes. Lég. *Genua liberata*. Ex. 1747.

117. Second Mariage de Monseigneur le Dauphin. Lég. *Commune perennitatis votum*. Ex. *Secondæ Delphini nuptiæ*. 1747.

118. Autre revers sur ce mariage (deux têtes en regard). Lég. *Lud. Delphini et Mariæ Jos. Pol. regis elect. Sax. filiæ connubium*. Ex. *IX febr.* 1747.

119. La Bataille de Landfeldt. Lég. *Fida principis comes*. Ex. *De fœderatis iterum ad Laufeltum II julii* 1744.

120. Buste du Roi couronné par Mars. Lég. *Ludo-vico XV regi christianissimo et invictissimo*. —Rev. La Prise de Bergoopzum. Inscription. *Quod Bergas ad Zoman situ et arte munitissi-mas quas antea primarii Europæ duces frustra oppugnaverant cum omni præsidio et apparatu VI cepit XVI sept.* 1747.

121. Louis XV. (Allégorie). Lég. *Ludovico XV victori pacifico*. — Rev. Les Préliminaires de la Paix. (Inscription.) *Quod subactis totius Belgii*

civitatibus Austr. Angl. et Bat. ter. acie supe-
ratis, trajectoque ad Mozam deditioni adacto,
pacis conditiones prævias Aquisgrani sancivit,
et gloriam armis partam moderatione cumula-
vit. 1748.

122. La Paix d'Aix-la-Chapelle. Lég. *Salus generis hu-*
mani. Ex.*Pax Aquisgranensis. XVIII oct.*1748.

123. Les Soins du Roi pour les Arts et les Manufactures. Lég. *Minerva opifex.* Ex. *Excitata artium*
industria. 1749.

124. La Stabilité des Monnaies. Lég. *Moneta aug.* Ex.
In variis constans vicibus. 1750.

125. La Naissance du Duc de Bourgogne. Lég. *Prole et*
partu felix. Ex. *Dux Burgundiæ Delphini filius*
Lud. XV nepos natus XIII septembris 1751.

126. Même sujet. Lég. *Gallia fit partu felix.* Ex. *XIII*
septembris 1751.—Rev. Fête donnée à Soleure
par le marquis de Paulmy d'Argenson. Lég. *Festa*
data Solodor march. Paulmy regis ap. Helvetios
leg.

127. Même sujet. (Inscription.) *Naissance de Mgr. le*
Duc de Bourgogne 1751. Mod. 16 lig.

128. La Naissance du Duc d'Aquitaine. Lég. *Novum*
domus augustæ decus. Ex. *Nat. ducis Aqui-*
taniæ 1753.

129. Autre revers sur le même sujet. (Inscription.) *Ob natum ducem Aquit. VI ordines mercat. Paris.* 1753.

130. Buste du Duc de Chartres. Lég. *Lud. Philipp. Jos. Aurel. dux Carnot.*—Rev. (Inscription.) *D. O. M. Sereniss. princ. Carnut. Dux opt. parent. jussu et vice extruend. huj. bas*^æ. *fronti prim. Lapid. posuit.* 1753.

131. La Naissance du Duc de Berry. Lég. *Securitas imperii.* Ex. *Nat. ducis Bituric.* 1754 (Existe en 32 lig.)

132. L'Eglise Saint-Sulpice. Lég. *Basilicæ et urbi additum decus.* Ex. *S. Sulpitii area.* 1754.

133. La Naissance du Comte de Provence. Lég. *Omen felicitatis.* Ex. *Nat. Comit. Provinciæ* 1755. (Existe en 32 lig.)

Le présage du bonheur de la France. Cette prophétie a été accomplie : le Comte de Provence, né en 1755, fut Louis xviii le Désiré.

134. La Prise de Mahon. Lég. *Fœderum vindex.* Ex. *Magonis arcibus expugnatis.* 1756.

135. Alliance avec la Reine de Hongrie. Lég. *Fœdus Versaliis sancitum.* Ex. *Prima die maii* 1756.

136. La Naissance du Comte d'Artois. Lég. *Artesia in antiquum decus restituta.* Ex. *Comite dato* 1657. (Existe en 32 lig.)

137. Autre sur le même sujet. Buste du Dauphin et de ses quatre Enfans. Lég. *Nova spes domus augustæ.* Ex. *Comes Atrebat. nat. IX oct.* 1757.

138. Le Prix de l'Art dramatique. Lég. *Et qui nascentur ab illis.* Ex. *Dramatis præmium instit.* 1758.

139. Le Rétablissement de l'Université de Perpignan. Lég. *Regi remuneratori.* Ex. *Perpinianensis universitas restaurata.* 1759.

140. Alliance avec l'Espagne. Lég. *Perpetua consanguinitatis fides.* Ex. *Galliæ et Hispaniæ fœdus.* 1761.

141. La Paix avec l'Angleterre. Lég. *Pax ubique victrix.* Ex. *Gallorum et Britannorum concordia.* 1763.

142. La Statue équestre du Roi. Lég. *Gallia plaudente.* Ex. *Lutetia.* 1763.

143. La Construction de la nouvelle Eglise de Sainte-Geneviève. Lég. *Pietas augusta.* Ex. *Novi S^a. Genovefæ templi primum lapidem posuit anno* 1764.

144. Le Prix de Chirurgie pratique. (Inscription.) *Studiorum et peritiæ præmium in schola chirurg. pratica in perpetuum assignabat M. F. Houstet.* 1765.

145. La Construction de la nouvelle Eglise de Saint-Germain. (Inscription.) *Pietas augusta, novi*

Sancti Germani templi primum lapidem posuit Anno 1766.

146. Prix pour les Chirurgiens de la Marine. (Inscription.) *Prix pour les Chirurgiens de la Marine du Roi, fondé en 1768.*

147. L'Ecole Militaire. Lég. *Crescenti ad militiæ decus nobilitati.* Ex. *Palæstra ex ædificata.* 1769. (Existe en 30 lig.)

148. Le Mariage du Dauphin. Lég. *Sacrum æternæ concordiæ pignus.* Ex. *M. Antonia Austr. Lud. Delphino nupta.* 1770.

149. Autre sur le même sujet (deux têtes). *Lud. aug. Delphini et M. Ant. Jos. II. imp. sororis connubium.* — Même revers que ci-dessus.

150. Louis XV. — Rev. L'Hôtel des Monnaies. Lég. *Auro argento æri flando feriundo.* Ex. *Ædes ædificatæ.* 1770. (Existe en 30 lig.)

151 Buste du Prince de Condé. Leg. *Louis Joseph de Bourbon prince de Condé.*

152. Le Mariage du Comte de Provence. Lég. *Felix sacræ concordiæ renovatio.* Ex. *M. J. Lud. Sard. regis filia. Lud. Sta. Xav. comiti Prov. nupta.* 1771.

153. Le Pont de Neuilly. Lég. *Novam artis audaciam mirante Sequana.* Ex. *Pons ad Lugniacum extructus.* 1772. (Existe en 25 lig.)

154. Le Mariage du Comte d'Artois. Lég. *Spes altera.*

Ex. *Mar. Ther. reg. Sard. filia Car. Phil. co-miti Artes. nupta.* 1773.

155. Le Commerce de Marseille avec l'Afrique. Lég. *Aucta libycis opibus Massilia.* Ex. *Lud. XV armis et consilüs.* 1774.

156. La Mort de Louis XV. Lég. *Mœrens Francia.* Ex. *Obiit X. maii* 1774.

MÉDAILLES DE TOUTES DIMENSIONS

DU RÈGNE DE LOUIS XV.

157. Buste du Régent. Lég. *Philippus Aurelianus dux regens.*—Rev. Buste de la Duchesse d'Orléans. Lég. *Eliz. Car. palatinæ Rheni ducissa Aurelian.* Mod. 26 lig. Cette médaille existe dans la dimension de 18 lig. vue de profil et vue de face.

158. Buste du Régent. Lég. *Philippus Aurelianus dux regens.* — Rev. Renouvellement de l'Alliance avec les Suisses. Lég. *Fœdus cum Helvetüs renovatum* 1715. Mod. 26 lig.

159. Le Commencement du Règne. Lég. *Et latet et lucet.* Ex. 1716.—Rev. Cybèle. Lég. *Dis genita et genitrix deum.* Ex. 1717. Mod. 30 lig.

160. BUSTE DU CZAR PIERRE-LE-GRAND. Lég. *Petrus Alexiewitz Tzar mag. Russ. imp.* — Rev. La Renommée. Lég. *Vires acquirit eundo.* Ex. *Lutet. Parisi.* 1717. Mod. 26 lig.

161. TÊTES DE LOUIS XV ET DE L'INFANTE D'ESPAGNE en regard. Lég. *Louis XV Roi de France et de Navarre, Marie Anne Victoire Infante d'Espagne.* Ex. *Arrière-petit-fils et arrière-petite-fille de Louis-le-Grand.* — Rev. Fête à l'Hôtel-de-Ville. Inscription. *Fête à l'Hôtel-de-Ville, honorée de la présence de Louis XV et de Marie-Anne-Victoire Infante d'Espagne le X mars 1722. etc.* Mod. 26 lig.

162. LA CHUTE DES MAUVAIS ANGES. Lég. *Dominus potens in prælio. Psal. 23. v. 8.*—Rev. Un Bouclier. Lég. *Quis ut Deus.* Mod. 32 lig.

163. BUSTE DU DUC DE BOURBON. Lég. *Lud. Hen. Dux Borbonius pr. reg. administer.* — Rev. La Paix et l'Abondance. Lég. *Ordo fidesque perennant.* Ex. 1724. Mod. 26 lig.

164. BUSTE DU ROI.—Rev. La Naissance du Dauphin. Inscription. *Regi ob natales Delphini festivos inter ignes Cœnam urbs præbet prefectus ministrat principibus ædiles VII septembris 1729.* Mod. 32 et 26 lig.

165. BUSTE DU CARDINAL POLIGNAC. Lég. *Melchior. S. R. pres. card. de Polignac.* — Rev. Le Roi

David jouant de la harpe. Lég. *Docebo iniquos vias tuas.* Ex. 1730. Mod. 26 lig.

166. BUSTE DU CARDINAL DE FLEURY. Lég. *Andreæ Herculi de Fleury S. R. E. cardinali prim. reginæ eleemosinario.* — Rev. La Force, la Justice et la Religion. Lég. *Virtutes regni administræ.* Ex. 1731. Mod. 30 lig.

167. BUSTE DE LOUIS XV.—Rev. L'Incendie et la Restauration de la ville de Rennes. Lég. *Rhedonæ incensæ anno* 1720 *restauratæ anno* 1731. Ex. 1732. Mod. 26 lig.

168. Le Commerce de la Compagnie des Indes. Inscription. *Jungendis ampliori et faciliori commercio gentibus emporum hoc a fundamentis extruxit societas Indiarum Gallica.* 1733. Mod. 26 lig.

169. L'EGLISE ST.-LOUIS BATIE A LA ROCHELLE. Lég. *Religioni ac urbi.* Ex. *Templum Rupell. sub. invoc. S. Ludov. inchoatum an. d. m.* 1742. — Rev. (Inscription.) *Lud. XV. reg. et largiente A. H. de Fleury reg. adminis. optimi principis munificentiam promovente. Augustino Rocho de Menou sedente. J. B. de Matignon urb. et pro. moderante. Car. Am. Hon. Barentin. rei. ærar. polit. et jud. præfecto. Nec non æd. impetr. procurante.* Lég. *Nisi dom. ædific. domum in vanum laboraverunt qui ædific. eam.* Mod. 24. lig.

(93)

170. BUSTE DU ROI.—Rev. (Inscription.) *Les six corps des marchands présentés par le duc de Gesvres, gouverneur de Paris, ont complimenté le Roi, la Reine, monseigneur le Dauphin et mesdames de France, au château des Tuileries sur le rétablissement de la santé de S. M. les 15 et 16 novembre 1744.* Mod. 32 lig.

171. Vœux des six corps des marchands. (Inscription.) *Vota soluta pro salute seren. Delphini. VI ordines mercat. Paris. 1752.* Mod. 32 lig.

172. Naissance de Monseigneur le Duc de Berry. (Inscription.) *Ob natum bitur. ducem sex mercat. Paris. ordines 1754.* Mod. 32 lig.

173. Naissance de Monseigneur le Comte de Provence. (Inscription.) *Ob natum. Prov. comit. sex mercat. Paris. ordines 1755.* Mod. 32 lig.

174. Naissance de Monseigneur le Comte d'Artois. (Inscription.) *Ob natum Artes. comit. sex mercat. Paris. ordines. 1757.* Mod. 32 lig.

175. LA STATUE ÉQUESTRE DU ROI. Lég. *Ludovicus XV patriæ parens dilectissimus.* Ex. *Vera laus regis amor civium.* — Rev. Le Commerce de Paris. Lég. *Sedat fluctus terram alit artes fovet.* Ex. *Sex mercatorum Paris. ordines* 1763. Mod. 32 lig.

176. LA STATUE PÉDESTRE DU ROI. Rev. (Inscription.) *Ludovico XV regi christianiss. principi optimo*

hoc amoris monumentum decreverunt seh. pop.
que rem. et prim. lapidem. p. p. 1764. Mod.
24 lig.

177. BUSTE DU ROI.—Rev. La Cathédrale d'Orléans.
Lég. *Basilica S. S. crucis Aurelianensis.* Ex.
Henrici IV. votum persolvit Ludov. XV 1767.
Mod. 28 lig.

178. Sur le Mariage du Dauphin. (Inscription.) *Sex*
mercat. Paris. ordines serenissimo Delphino et
Delphinæ de connubio gratulentes patres fami-
lias debitores e carceribus liberant. XX maü
1770. Mod. 28 lig.

179. La Réunion de la Corse à la France. Lég. *Quam*
sublevatam finx. quod avellatur fascia. Ex. *Di-*
cat vovet consecrat Cors. consult. 1770. Mod.
28 lig.

Les Médailles portées sous les n°s 19, 31, 35, 40, 50, 51, 52, 56, 64,
106, 107, 117, 146, 148, 149, existent aussi dans la dimension de 12
ligues.

RÈGNE DE LOUIS XVI.

1. LOUIS XVI couronné. Lég. *Ludovicus XVI rex christianissimus.* — Rev. Le Sacre. Lég. *Deo consecratori.* Ex. *Unctio regia Remis. XI jun.* 1775. Module 18, 16 et 12 lignes.

2. Autre sur le même sujet. (Inscription.) *Les six corps des Marchands, présentés par le duc de Cossé, gouverneur de Paris, ont complimenté le Roi sur son sacre et son couronnement, le 2 juillet* 1775. Mod. 18 lig.

3. L'Académie française. (Inscription.) *Protecteur de l'Académie française.* Ex. *A l'Immortalité.* Mod. 26 lig.

4. L'Ecole de Chirurgie Lég. *Ædes academ. et scho. chirurg.* Ex. *Regia munificentia inchoat.* 1770. *absol.* 1774. Mod. 26 lig. Ce revers se frappe aussi avec un revers d'inscription.

5. BUSTES DE JEAN FERNEL ET AMBROISE PARÉ. Lég. *Jean Fernel, Ambroise Paré.* Ex. *La Médecine rendue à son unité primitive. Décret du 14 frimaire an III de l. R. F.*

6. Buste de Georges Washington. Lég. *Georgio Washington supremo duci exercituum adsertori libertatis.* Ex. *Comitia Americana.*—Rev. La Prise de Boston. Lég. *Hostibus primo fugatis.* Ex. *Bostonium recuperatum XVII. martii* 1776. Mod. 30 lig.

7. Louis XVI.—Rev. Prix de l'Industrie. (Inscription.) *Artis et industriæ præmium datum.* Mod. 32 lig.

8. Buste du Roi. Lég. *Ludovicus XVI Franc. et Nav. rex.*—Rev. Buste de la Reine. Lég. *Mar. Anton. Austr. Franciæ et Navarr. regina.* Mod. 32 lig.

9. (Inscription.) L'Alliance avec les Suisses. Lég. *Fœdus cum Helvetiis restauratum et stabilitum.* 1777. Mod. 32 et 18 lig.

10. Bustes du Roi et de la Reine.—Rev. La Naissance de Madame. Lég. *Fœcunditatis augustæ pignus' et omen.* Ex. *Natal. Mariæ Ther. Car. regis primog. XIX dec.* 1778. Mod. 18 lig.

11. Buste de Paul Jones. Lég. *Joanni Paulo Jones classis præfecto.* Ex. *Comitia Americana.*—Rev. Un combat naval. Prise de la frégate anglaise la Sérapis. Lég. *Hostium navibus captis aut fugatis.* Ex. *Ad oram Scotiæ. XXIII sept.* 1779. Mod. 24 lig.

12. Buste de la Reine.—Rev. Acte de bienfaisance de la Reine. Lég. *Mariages célébrés en février* 1779. Mod. 18 lig.

12. BUSTE DE LOUIS XVI. — Rev. Alliance avec la Principauté de Basle. (Inscription.) *Fœdere cum principatu Basileensi novato et firmato anno V. episcopatus Freder. de Vaugen.* 1780. Mod. 18 lig.

13. BUSTES DU ROI ET DE LA REINE. — Rev. La Naissance de Monseigneur le Dauphin. Lég. *Felicitas publica.* Ex. *Natales Delphini, XXII octobris* 1781. Mod. 18 et 16 lig.

14. Mariage de douze filles dotées par les Etats de Bourgogne.—Rev. Les Armoiries des Etats de Bourgogne. Lég. *Mariage de douze filles dotées par les Etats de Bourgogne, à la naissance de M. le Dauphin.* 1781. Mod. 20 lig.

15, BUSTE DE LA REINE. Même sujet. Lég. *La Bienfaisance préside à leur union.* Ex. *Mariage de douze filles de Perpignan, à l'occasion de la naissance du Dauphin.* oct. 1781. Mod. 18 lig.

16. Les six corps des Marchands, à l'occasion de la naissance de Monseigneur le Dauphin. Lég. *Asserendi nova spes commercii.* Ex. *Regi de ortu S. S. Delphini sex mercator. Paris. ordines gratulantur ausp. ducis de Cossé, urbis gub. die IV. nov.* 1781. Mod. 26 lig.

17. LA BATAILLE DE COWPENS AUX ETATS-UNIS DE L'AMÉRIQUE. Lég. *Gulielmo Washington legionis equit. præfecto.* Ex. *Comitia Americana.*—Rev. (Inscription.) *Quod parva militum manu strenue*

prosecutus hostes virtutis ingenitæ præclarum specimen dedit in pugna ad Cowpens. XVII jan 1781. Mod. 22 lig.

18. Autre sur le même sujet. Lég. *Joh. Egar. Howard legionis peditum præfecto.* Ex. *Comitia Americana.* — Rev. (Inscription.) *Quod in nutantem hostium aciem subito irruens præclarum bellicæ virtutis specimen dedit in pugna ad Cowpens. XVII jan.* 1781. Mod. 22 lig.

19. Le Roi et la Reine.—Rev. Fête donnée au Roi et à la Reine, par la ville de Paris à l'occasion de la naissance du Dauphin. Lég. *Solemnia Delphini natalitia.* Ex. *Rege et Regina urbem invisentibus. XXI jan.* 1782. Mod. 22 lig.

20. Louis XVI. — Rev. Prix décerné par l'Académie royale des Sciences. (Inscription.) *Artibus perficiendis artificum saluti tuendæ lauream consecrat civis beneficus, Regia scienciarum Academia decernit.* 1782. Mod. 32 lig.

21. Autre inscription sur le même sujet. *Ad promovendas artes Steph. D. M.* 1782. Mod. 28 lig.

22. Le Canal de Bourgogne qui réunit les eaux du Rhin, de la Saône, de la Loire et de la Seine. Lég. *Utriusque maris junctio triplex.* Ex. *Fossis ab Arari ad Ligerim Sequanam et Rhenum simul apertis.* 1783. Mod. 32. et 22 lig.

23. Buste de joseph de Lalande. Lég. *Jos. Hier. le*

françois de la Lande, n. Burgi. 1732. — Rev.
(Inscription.) *Astronomo et civi societatis litte-
raria Burgensis.* 1783. Mod. 18 lig.

24. Autre inscription pour M. de Lalande. *Academiæ
reg. scient. Paris. astronomus Acad. Londin.
Berontin. Petrop. Holmi. Hafniens. Roter. Bruxel.
Gotting. Dublin. Edimb. Bonon. Florent. Rom.
Patav. Mant. Taurin. Bostoniensis. Monspel.
Tolos. etc. socius.* 1787. Mod. 18 lig.

25. Louis XVI.—Rev. La Paix avec l'Angleterre. Lég.
Pax Franciam inter et Angliam. Ex. *Versaliis.*
1783. Mod. 18 lig.

26. Médaille donnée par le Roi pour récompenser une
belle action. Inscription. *Donné par le Roi au
sieur Eti. Charlet, sergent-major au régiment de
Penthièvre, pour avoir, par son courage, sauvé
à la mer, près de Cadix, plus de cent malades
et l'équipage du navire la Flore, le 5. septembre*
1783. Mod. 18 lig.

27. Pose de la première pierre du marché Sainte-
Catherine. Inscription. *Médaille frappée à l'occasion de la p^{ere}. pierre posée au marché S^{te}. Catherine, par M^{r}. d'Ormesson, Cont. G^{l}. des Finances, le 20 aoûst* 1783. Mod. 18 lig.

28. Bustes des Frères Montgolfier. Lég. *Jos. et
Etien. Montgolfier pour avoir rendu l'air navi-
gable.*—Rev. Un ballon à air inflammable. Lég.
Expérience du Champ de Mars, 27 août 1783,

en vertu d'une souscription, sous la direction de M. Faujas de Saint-Fond. Mod. 18 lig.

29. Autre revers. Un Aréostat. Lég. *Attonitus orbis terrarum.* Ex. *Itinere per aera feleciter tentato. anno* 1783. Mod. 18 lig.

30. Expérience aréostatique. Lég. *Audacia felix.* Ex. *Aera permearunt XXI. nov. L. F. Darlandes et F. Pilâtre,* 1er *déc. J. A. C. Charles et M. N. Robert. Anno* 1783. — Rev. (Inscription.) *Patefacto per aera itinere a Josepho et Stephano Mongolfier, V. junii* 1783. *rei memoriam posteritati tradi jussit Ludovicus XVI. Anno* 1784. Mod. 22 lig.

31. Autre expérience aréostatique. Lég. *Que ne peut le Génie.* Ex. *Médaille frappée en vertu d'une souscription faite à Lyon, par les soins de M. Achet, écuyer, off. de Monsieur, frère du Roi.* — Rev. (Inscription.) *L'aréostat nommé le Deflesselles, de* 100 p^{ds}. *de* d^{tre}. *sur* 118 *de* h^r. *s'est élevé à* 1400 t^{s}. *des Brotteaux, à Lyon, monté par MM. Montgolfier, L^{ne}. Pilâtre de Rozier, Charles prince de Ligne, les c^{tes}. de Laurencin de la Porte d'Anglefort, le m^{is}. de Dampierre et M. Fontaine, le* 19 j^{er}. 1784. Mod. 18 lig.

32. Louis XVI.—Rev. Fondation de l'hospice Beaujon. Inscription. *Ad XII. puerorum et XII. puellarum gratuit. educationem hospitium a Nic. Beaujon reg. cons. fundat.* 1784. Mod. 18 lig.

33. Buste du Bailli de Suffren. Lég. *P. And. de Suffren, S^t. Tropez, chev. des ordres du Roi, gr. croix de l'Ord. de S^t. Jean de Jérus. vice-amiral de France.* — Rev. (Inscription.) *Le Cap protégé, Trinquemale pris, Goudelour délivré, l'Inde défendue, six combats glorieux. Les Etats de Provence ont décerné cette médaille.* 1784. Mod. 22 lig.

34. Louis XVI. — Rev. (Inscription.) *Les six corps des Marchands de Paris célèbrent la paix en délivrant des prisonniers. XV janv.* 1784. Mod. 26 lig.

35 Le Port et le Lazaret de la ville de Marseille. Lég. *Securitas publica.* — Rev. (Inscription.) *Sexdecim viris saluti publicæ tuendæ quod indefesso in arcenda peste studio orientale commercium foverunt. Ex. Præmium ab optimo princ. instit.* 1784. Mod. 30 lig. La face se frappe aussi avec le buste de Louis XVI.

36. Louis XVI. — Rev. Prix de l'Académie royale de Peinture et de Sculpture de Paris. Lég. *Mentem furatus olimpo. Ex. Præm. in Acad. reg. pict. et sculpt. Par.* Mod. 16 lig.

37. Buste de d'Alembert. Lég. *J. d'Alembert.* — Rev. (Inscription.) *A l'Immortalité.* 1785. Module 26 lig.

38. Louis XVI. — Rev. Le Canal de la Saône réunis-

sant les eaux du Rhône, de la Seine, de la Saône et de l'Yonne. Lég. *Nouvelle jonction des deux mers.* Ex. *Canal de la Saône à l'Yonne.* 1785. Mod. 24 et 18 lig.

39. BUSTES DU ROI ET DE LA REINE. — Rev. La Naissance de M. le Duc de Normandie. Lég. *Natales Ludovici Caroli ducis Neustriæ.* Ex. *XXVII martii* 1785. Mod. 18 lig.

40. Départ de M. de la Pérouse. Inscription. *Les frégates du Roi de France la Boussolle et l'Astrolabe, commandées par MM. de la Pérouse et de Langle, parties du port de Brest en juin* 1785. Mod. 26 lig.

41. Médaille donnée par le Roi pour récompenser une belle action. Inscription. *Le Roi a décoré de cette Médaille, Joseph Chrétien, natif de Versailles, âgé de dix-sept ans, qui s'est courageusement précipité sous la glace, et en a retiré deux enfans prêts de périr, le XXIII décembre* 1785. Mod. 18 lig.

42. BUSTE DU ROI. Lég. *Louis XVI Roi et Frère bienfaisant.* — Rev. Monsieur présentant une Médaille au Roi, faite avec l'or tiré des mines d'Allemont, en Dauphiné, appartenant à Monsieur. Lég. *Hommage de tendresse et de reconnaissance.* Ex. *Prémices de l'or tiré des Mines d'Allemont, offertes au Roi par Monsieur.* 1786. Mod. 30 lig.

43. Médailles de prix de l'Académie de Peinture et de Sculpture de Valencienne. Lég. *Académie de Peinture et de Sculpture de Valencienne.* Ex. *Etablie en* 1775.—1er Rev. Inscription. *Premier prix de la classe du Modèle.* Mod. 24 lig.

44. 2e Rev. Inscription. *Premier prix de la classe de la Bosse.* Mod. 22 lig

45 3e Rev. Inscription. *Premier prix de la classe du Dessin.* Mod. 18 lig.

46. Les Cônes de Cherbourg. Lég. *Mare per novam artem frenetum Cæsaris burgi.* Ex. *Rege adstante et promovente XXIII junii* 1786. Mod. 28 lig.

47. Les Raffineries de Bordeaux. Inscription. *Raffineries revivifiées ; arrêt du XXV mai* 1786. *Présenté au Roi par les Raffineurs de Bordeaux.* Mod. 18 lig.

48. BUSTE DU DOCTEUR FRANKLIN. Lég. *Benj. Franklin, natus Boston, XVII jan.* 1706. — Rev. (Inscription.) *Eripuit cælo fulmen sceptrumque tyrannis.* Ex. *Sculpsit et dicavit Aug. Dupré. anno* 1786. Mod. 20 lig.

49. La Manufacture royale d'horlogerie. Lég. *Le Temps a pris un corps et marche sous nos yeux.*—Rev. (Inscription.) *Manufacture royale d'horlogerie, établie à Paris, par arrêt du Conseil, du XXVI décembre* 1786. *M. de Calonne*

étant contrôleur général des finances. 1786.
Mod. 24 lig.

50. La Province du Poitou a M. Boula de Nanteuil. Les Armes de la ville de Poitiers. Lég. *Civitatis pictavium.*—Rev. (Inscription.) *Antonio Fr. Alex. Boula de Nanteuil, qui regn. munificentissimo Ludovico XVI. Provinciæ picton. præfectus illi gravis annonæ difficultate oppressæ frumentum subministrari providentissime curavit, hoc grati animi monum. Pictav. municipium vovet, consecrat* 1786. Mod. 24 lig.

51. L'Eclairage de la ville de Marseille. Lég. *Quiescite vigilo.* Ex. *en* 1785 *et* 1786. — Rev. Les Armoiries de la ville. Lég. *Illumination de Marseille établie par les soins de MM. les Maire, Echevins et Assesseur.* Ex. *En* 1785 *et* 1786. Mod. 16 lig.

52. Louis XVI. Médaille donnée par le Roi pour récompenser une belle action.—Rev. (Inscription.) *Donné par le Roi, au sieur Bouvard, major de la milice bourgeoise de Rennes , pour avoir, en exposant sa vie, sauvé celle de quatre ouvriers ensevelis sous les ruines d'une maison en feu, le XIV janvier* 1786. Mod. 18 lig.

53. Association de bienfaisance judiciaire. Inscription. *Association de bienfaisance judiciaire, établie en* 1787. Mod. 30 lig.

54. Assemblée provinciale de la généralité d'Orléans.

Inscription. *Assemblée provinciale de la génera-lité d'Orléans.* 1787. Mod. 18 lig.

55. Médaille donnée par le Roi pour récompenser une belle action. Inscription. *Donné par le Roi, à Jean-Claude Bilon, de la ville de Nantua, le XXIX janvier 1787, pour avoir, en exposant sa vie, sauvé celle de deux jeunes gens prêts à être engloutis sous les glaces.* 1787. Mod. 18 lig.

56. BUSTE DE LOUIS XVI. Lég. *Louis XVI Roi de France et de Navarre.* Ex. *Ville de Paris.*—Rev. Le Pont de Louis XVI. Ex. *Pont de Louis XVI* 1788. Mod. 24 lig.

57. BUSTE DE J. B. DES GALLOIS DE LA TOUR. Lég. *J. B. des Gallois de la Tour, président au Parlement et intendant de Provence.* — Rev. Lég. *Décernée par l'Assemblée des Communes de Provence en 1788.* Ex. *Le Tiers-Etat de Provence à Charl. Jean Bap. des Gallois de la Tour, intendant du Pays, son ami depuis plus de quarante années.* Mod. 24 lig.

58. BUSTE DE M. NECKER. Lég. *M. Necker. d. v. s.* — Rev. lisse.

59. LOUIS XVI. Médaille donnée par le Roi pour récompenser une belle action. —Rev. *Donné par le Roi à Jean-B^{te}. Murget, cav^{r}. au régiment de Royal Roussillon, qui, bravant deux fois la mort, a sauvé la vie à une citoyenne de Tours.* 1790. Mod. 18 lig.

60. Hommage de la Garde Nationale de Versailles. Un Pélican nourrissant ses petits. Lég. *Français, sous cet emblême, adorez votre Roi.* Ex. *Hommage de la Garde N^le. de Versailles le 6 février* — Rev. (Inscription.) *Ce bon peuple, qui m'est si cher et dont on m'assure que je suis aimé quand on veut me consoler de mes peines. Discours de Louis XVI à l'Assemblée nationale, le 4 février* 1790. Mod. 24 lig.

RÈGNE DE LOUIS XVIII *.

1. BUSTE DE LOUIS XVII. Lég. *Ludovicus XVII. Franciae et Navarrae rex.* Ex. *Regni tantum jura.*—Rev. Mort de Louis XVII. Lég. *Quam. reddat. haeredi.* Ex. *Ludovicus XVII. in vinculis occumbit VIII. jun.* 1795.

2. AVÈNEMENT DE LOUIS XVIII AU TRONE. Lég. *Optimo. jure.* Ex. *Auspicia. regni. Veronae. VIII. jun.* 1795.

3. FIN DE LA CAPTIVITÉ DE MADAME. Lég. *Scuto. circumdabit. te.* Ex. *Mar. Th. Car. Lodov. XVI. filia. ad. Austriae. fines. hospitio. excipitur.* 1795.

4. BUSTES DE L. A. R. LE DUC ET LA DUCHESSE D'ANGOULÊME.—Rev. Mariage de L. A. R. Lég. *Fratrum. liberos. connubio. jungit.* Ex. *Mittaviae. die. X. junii.* 1799.

5. BUSTE DU ROI. — Rev. Refus de Varsovie. Lég. *Nec. vis. nec. fallacia. eripiet.* Ex. *Factiones. ab-*

---

* Toutes ces Médailles du règne de Louis XVIII sont du diamètre de 22 lignes.

dicandi. repudiatae. Varsoviae. XVIII. febr.
1803.

6. Débarquement du Roi en France. Lég. *Borbonidae.*
patriae. et. solio. redditi. Ex. *Regis. appulsus. ad.*
portum. Iccium. XXIV. april. 1814.

7. Entrée du Roi dans sa bonne ville de Paris. Lég.
Votis. tandem. expletis. Ex. *Rex. urbem. ingre-*
ditur. III. maii. 1814.

8. Anniversaire du 3 mai 1814. Lég. *Regis. custo-*
dia. civibus. credita. Ex. *In anniversariam. III.*
maii 1814. *memoriam.*

9. 1re Paix de Paris. Lég. *Imperia. legitima. foedere.*
sancita. Ex. *XII. maii.* 1814.

10. La Charte donnée par le Roi. Lég. *Fundamenta.*
libertatis. publicae. Ex. *Charta. constitutionis. a.*
rege. tradita IV. jun. 1814.

11. SAINT LOUIS ASSIS.—Rev. (Inscription.) *Ludovi-*
cus IX. Francorum rex pietate insignis. legum
conditor. pater populi. anno 1270. *obiit. redivi-*
vus 1814.

12. BUSTE DU ROI.—Rev. Translation des cendres de
Louis XVI. et de Marie Antoinette, à Saint-
Denis. Lég. *Regiis. monumentis. tandem. inlati.*
Ex. *Rebus. feliciter. reparatis. XXI. jan.* 1815.

13. Tombeau de Louis XVI et de Marie Antoinette.

Lég. *Corp. Lud. XVI. M. Ant. conj. reg. sepu.*
reddita. Ex. *Pietas. fraterna.* 1815.

14. Le 20 mars 1815. Une Furie. Lég. *Dies. vicesi-*
ma. martii. Ex. 1815. — Rev. Lég. *Recedentis.*
principis. desiderium. Ex. *Gallia.*

15. Constance du Roi, pendant les 100 jours. Lég. *In-*
concussa. regis. constantia. Ex. *Inter renovatas.*
armorum. calamitates. 1815.

16. 2me Entrée du Roi à Paris. Lég. *Felix. tempo-*
rum. reparatio. Ex. *Rege. in. urbem. reduce.*
VIII. jul. 1815.

17. Accession du Roi à la Sainte-Alliance. Lég. *Regnis.*
Europae. concordia. stabiliendis. Ex. *Accessit.*
Gallia. novemb. 1815.

18. Mariage du Duc de Berry. Lég. *Spes. altera. regni.*
Ex. *Car. Ferdinanda. Siciliarum. regis. neptis.*
Carolo. Ferdinando. Biturigum. duci. Ludovici
XVIII. Fr. F. nupta. d. XVII. jun. a. 1816.
(Cette Médaille se trouve aussi dans le module
de 18 lig.)

19. Translation des cendres du Duc d'Enghien. Lég.
Piacularia. ducis. Enguianensis. solennia. Ex.
Translatis. ossibus. e. profano. in. reg. Vicenn.
Sacellum. 1816.

20. Restauration des 4. Académies. Lég. *Academia-*
rum. statuta. titulique. Ex. *Singulatim renovati.*
1816.

21. Restauration du Musée. Lég. *Munificentia. regia. instauratum.* Ex. 1817.

22. Rétablissement de la Statue d'Henri IV. Lég. *Henrico. magno.* Ex. *Civium. pietas. restituit.* 1817.

23. Hommage aux 3 Dynasties. Lég. *Regalibus. cineribus. honores. instaurati.* Ex. *Ludovici. XVIII. pietate. XXI. janv.* 1817.

24. Disette de 1817. Lég. *Providentia principis.* Ex. *Advecta. in. regnum. annona. peregrina.* 1817.

25. Pompe funèbre du Prince de Condé. Lég. *L. J. Condaeus. regum. sepulcris. inlatus.* Ex. *In. S. Dionysi. basilica. ex. edicto. XXVI. maii.* 1818.

26. BUSTE DE S. A. R. MONSIEUR. Lég. *Charles. Phil. de France. Monsieur frère du Roi.*—Rev. Visite de Monsieur, frère du Roi, à la Monnoie des Médailles. Inscription. *S. A. R. Monsieur frère du Roi visite la Monnoie des Médailles le* 11. *juin* 1818.

27. BUSTE DU ROI.—Rev. Retraite des troupes alliées, avant le temps fixé. Lég. *Rege. Europam. Galliae. conciliante.* Ex. *Praesidia. ante. tempus. foedere. constitutum. revocata. IX. octobr.* 1818.

28. Pont de Libourne. Lég. *Jungendis. commerciis.* Ex. *Dordoniae. pons. impositus. ad Liburnum.* 1820.

29. BUSTE DU DUC DE BERRY. Lég. *Carolus. Ferdi-*

nandus. dux. Biturigum. Ex. Infando. scelere.
sublatus. XIII. febr. 1820. — Rev. Mort du
Duc de Berry. Lég. *Sacra. in funere. ducis. Bi-*
turigum. peracta. Ex. in. S. Dionysii. basilica.
XIV. mart. 1820.

30. Buste du Roi. Naissance de Monseigneur le Duc
de Bordeaux. Lég. *Donum Dei altissimi. Ex.*
Henricus. Carolus. Ferdinandus. Maria. Adeo-
datus. atrebat. dux. Burdigal. natus. Parisiis.
XXIX. sept. 1820.

31. Autre sur la Naissance du Duc de Bordeaux. Lég.
Gallia. impetrato. voto. recreata. Ex. Die. natali.
Henrici. Carol. Ferd. Mariae. Adeodati. atre-
bat. ducis. Burdigal. XXIX. septembris 1820.

32. Monument élevé à Jeanne-d'Arc. Lég. *Johannae.*
d'Arc. natalis. locus. Ex. Consecratus. ex. edicto.
1820.

33. Pont de Bordeaux. Lég. *Garumna. primum. ad.*
Burdigalam. subacta. Ex. Ponte. arcum. XVII.
imposito. 1821.

34. Baptême de Monseigneur le Duc de Bordeaux.
Lég. *H. C. Ferd. M. Adeodatus. dux. Burd. sa-*
cris fontibus. tinctus. Ex. Advocatis. omnium.
Galliae. ordinum. legatis. II. maii 1821.

35. Voyage autour du monde de la corvette la Coquille. Inscription. *S. A. R. M^r. le Duc d'An-*
gouléme amiral de France.—M. le Mis. de Cler-

mont Tonnerre pair de France ministre de la marine.—M^r. Duperrey lieut^t. de v^{au}. com. l'expédition 1822. Lég. *Voyage autour du monde de la corvette la Coquille.*

36. Rétablissement de la Statue de Louis XIV. Lég. *Victoriarum. Ludovici. XIV. memoria. renovata. Ex. Aeneo. signo. posito.* 1822. Existe en 8 lig.

37. Traité de Commerce avec l'Amérique. Lég. *Gallia et America. fœderata. Ex. Novis. commerciorum. pactis. junctae.* 1822.

38. Vénus de Milo. Lég. *Collectis. ex. Ægypto. Graeciaq. monumentis. Ex. Sumptu. regio. bonarum. artium. utilitati.* 1822.

39. Les Canaux de France. Lég. *Canales. undiqueversum. effossi. Ex. Novis. commercio. viis. aperiendis. anno* 1822.

40. L'Eglise de Sainte-Geneviève rendue au culte. Lég. *Proprias. in. aedes. redux. suorum. votis. excipitur. Ex. Almae. Genovefae. Parisinorum. patronae. basilica. religioni vindicata. regis. ex. edicto.* 1822.

41. Statue de Turenne à Sedan. Lég. *Turennio. civi. suo. Ex. Signum. ex. aere. Sedanenses. XXV. aug.* 1823.

42. Rétablissement des Missions. Lég. *Praeconium. crucis. instauratum. Ex. Regis. christianissimi. auspiciis.*

43. La Paix procurée à l'Espagne. Inscription. *Galliae. amor. Ludovicus desideratus. favente. Deo. prudentia. victricibus. armis. jura. regum. firmavit. Hispaniam. pacavit. Ferdinandum. regem. restituit.* Ier *oct.* 1823.

44. Entrée triomphante du Duc d'Angoulême à Paris. Lég. *Reducem. ex. Hispania.* Ex. *Ducem. cum. exercitu. rebus. feliciter. gestis. Lutetia. excipit. ann.* 1823.

45. Rétablissement des Statues des Rois de France. Lég. *Regum. signis. post. excidium. instauratis.* Ex. *Regis. ex. edicto.*

46. Monument élevé à Versailles à la mémoire du Duc de Berry. Lég. *Biturigum. duci. nefarie. interemto.* Ex. *Monumentum. ex. marmore. Versalienses. anno.* 1824.

47. Inscription relative à la mort de Louis XVI. *Ludovico. decimo. sexto. a. scelestis. impie. obtruncato. Gallia. liberata. moerens. hoc. luctus. monumentum. consecrat.* Se frappe avec la Médaille du tombeau de Louis XVI et de Marie Antoinette.

48. Concordat. Lég. *Ecclesia. Gallica. novis. sedibus. aucta.* Ex. *Impetrante. rege. christianiss. s. pontifice. constituente.*

49. L'Industrie et le Commerce fécondés par les découvertes faites depuis 40 ans. Lég. *Artes et Commercia novis scienciarum inventis amplificata.*

8

5o Entrée du Duc d'Angoulême a Madrid. Lég. *Matritum. liberatum. Ex. Ann.*

51. La Colonne de Boulogne. Lég. *Fausti Borbonidum reditus memoria consecrata. Ex. Bononiae die II julii anno* 1821.

MÉDAILLES DE 18 LIGNES

DU RÈGNE DE LOUIS XVIII.

52. BUSTE DU ROI. — Rev. Débarquement du Roi en France. Lég. *Il porte la paix du monde.* Ex. 1814.

53. Entrée du Roi à Paris. Lég. *Louis XVIII entre à Paris.* Ex. *III. mai* 1814.

54. La Charte donnée par le Roi. Ex. *Charte constitutionnelle le IV juin* 1814.

55. BUSTE DE L'EMPEREUR DE RUSSIE. — Rev. Visite de l'Empereur de Russie à la Monnoie des Médailles. Inscription. *Alexandre I. Empereur de toutes les Russies visite la Monnoie des Médailles.* —Autre revers. Séjour d'Alexandre à Paris 1814.

56. BUSTE DE L'EMPEREUR D'AUTRICHE. — Visite de l'Empereur d'Autriche à la Monnoie des Médailles. Inscription. *Sa Majesté l'Empereur d'Autriche visite la Monnoie des Médailles.* 1814.

57. BUSTE DU ROI DE PRUSSE.—Rev. La Visite du Roi de Prusse à la Monnoie des Médailles. Inscription. *Frédéric Guillaume III. Roi de Prusse visite la Monnoie des Médailles* 1814.

58. BUSTE DU DUC D'ANGOULÊME.—Rev. Le Collége électoral de Bordeaux présidé par Monseigneur le Duc d'Angoulême. Lég. *S. A. R. préside le Collége électoral de la Gironde.* Ex. *Août* 1815. *voté par le C. E.*

59. BUSTE DU ROI. — Rev. Translation des restes de Louis XVI et de Marie Antoinette. Inscription. *Diebus* 18. 19. *et* 21. *janv.* 1815. *corpora. Ludovici XVI. et Mar. Ant. Aust. conjugis suae detecta. defossa regiis que atavorum sepulchris reddita. pietas fraterna.*

60. Même sujet. Inscription. *A Louis XVI. le XXI. janv.* 1815.

61. Le Départ de la corvette l'Uranie. Inscription. *La corvette l'Uranie. M. L˟. de Freycinet command˟. S. A. R. Mᵍʳ. le Duc d'Angoulême amiral de France. M. le vᵗᵉ. du Bouchage ministre de la marine.* 1817. Lég. *Hémisphère austral. phisique. astronomie.*

62. Visite de Monsieur frère du Roi à la Monnoie des Médailles. Inscription. *S. A. R. Monsieur frère du Roi visite la Monnoie des Médailles le XI juin* 1817.

63. BUSTE DU PAPE. Lég. *Pius VII. pont. max.*—Rev. Inscription. *Fondation du Séminaire de Sᵗ. Sulpice* 21. *novembre* 1820. Se frappe avec le buste du Roi.

64. 2ᵉ Médaille sur le même sujet. La Vierge tenant l'enfant Jésus. Lég. *S. Sulp. Seminarii. angul. lapis. pos. ann. praesent. b. m. v. XXI nov.* 1820. —Rev. Inscription. *Per ipsam cum ipsa et in ipsa omn. aedificatio. const. crescit. in. templ. Domino.* †.

RÈGNE DE CHARLES X *.

1. Buste du Roi Charles X. Lég. *Carolus. X. rex. Franciae.*—Rev. Mort de Louis XVIII. Lég. *In. obitum. Ludovici. XVIII. desideratissimi. Ex. Luctus. publicus. ann.* 1824. *die XVI. septembris.* Existe en 8 lig.

2. Les Paroles du Roi. Inscription. *J'ai promis, comme sujet, de maintenir la Charte et les constitutions que nous devons au souverain dont le Ciel vient de nous priver : aujourd'hui que le droit de ma naissance a fait tomber le pouvoir entre mes mains, je l'emploierai tout entier à consolider, pour le bonheur de mon peuple, le grand acte que j'ai promis de maintenir. Ma confiance dans mes sujets est entière....*
Paroles du Roi XVIII sept. 1824.

3. Le Sacre du Roi. Lég. *Rex. cœlesti. oleo. unctus. Ex. Remis. XXIX. die. maii* 1825.

4. Même sujet. Lég. *Rex. Carolus. coelesti. oleo. unctus. Ex. Adstantibus. Franciae. paribus. regionumque.*

---

* Toutes ces Médailles du règne de Charles X sont du diamètre de 22 lignes.

delectis. summis. legum. administris. exercit. pro-
ceribus. gentium. exterar. legatis.—*Remis XXIX.*
maii 1825. Mod. 34. 30. 26 et 22 lig.

5. Le Couronnement. Lég. *Coronam favente Deo susci-*
pit. Ex. *Remis XXIX. die maii.* 1825. Mod. 18 lig.

6. L'Intronisation. Lég. *Solio sublimis avito.* Ex. *Remis*
XXIX die maii 1825. Mod. 16 lig.

7. Bustes de Charles X et le Louis XVIII accolés.
—Rev. Rétablissement de la Statue de Louis XIV à
Lyon. Lég. *Signum. Ludovici. magni. ab. solo.*
instauratum. Ex. *Lugdunensium. sumptu.* 1825.
Existe en 8 lig.

8. Buste de Fénélon. Lég. *Franciscus arch. dux*
Cameracensis. — Rev. Monument érigé à Féné-
lon à Cambrai. Lég. *Urbi venerandus et orbi.* Ex.
Monument érigé à Fénélon dàns la cathédrale de
Cambrai. 1825.

9. Buste du Roi. Médaille relative à la mort de Louis
XVI.—Rev. Inscription. *Ludovico. decimo. sexto.*
impie. trucidato. Gallia. liberata. rediviva moerens.
hoc. luctuss monumentum. consecrat. Ex. *III.*
maii. 1826.

10. Voyage de la corvette l'Astrolabe. Inscription.
*S. A. R. M*gr*. le Dauphin, amiral de France.*
*— M*r*. le c*te*. Chabrol de Crouzol, pair de France,*
ministre de la marine. — *M. Dumont d'Urville,*
*capitaine de frégate com*t*. l'expédition.* 1826. Lég.
Voyage de découverte de la corvette l'Astrolabe.

11. LE BUSTE DE S. A. R. MADAME, DUCHESSE DE BERRY. Lég. *M^{ie}. Carol^{ne}. Fer^{d}. L^{se}. Duchesse de Berri.* — 1er Rev. Buste de Mgr. le Duc de Bordeaux. Lég. *Henri. Charles. Ferdinand. Marie. Dieudonné duc de Bordeaux.* Ex. 1827.

12. 2e Rev. Buste de Mademoiselle. Lég. *Louise Marie Thérèse Mademoiselle.* Ex. 1827.

13. L'Inauguration de la chapelle expiatoire de la rue d'Anjou. Lég. *Tellus. rite. piatur.* Ex. *Effossis. regalium. exuviarum. reliquiis.* — Rev. Le Monument. Lég. *Memoriæ Ludovici XVI et Mariæ Antoniæ.* Ex. *Delubrum expiatorium. Ludovicus XVIII et Carolus X.*

14. Le Voyage du Roi au camp de Saint-Omer.
Lég.

Rev.

15. La Visite du Roi à l'armée au camp de Saint-Omer. Lég. *Le Roi visite l'armée.* Ex. *Les jeux du camp célébrés à S^{t}. Omer en* 1827.

16. Le Musée Charles X.
Lég.

Rev.

17. L'Arc de triomphe du Carrousel. Lég. *Armorum. Gallicarum. gloriæ. denuo. dicatam. Ex. Priorum. victoriarum. laude. Hispanis. redintegrata.*

18. Statue de Louis XIV à Lyon. Lég. *Ludovici. magni. honores. instaurati. signo. aeneo. reposito. Ex. Cadomi. an.* 1827.

SUPPLÉMENT.

SUPPLÉMENT.

RÈGNE DE LOUIS XIII.

MORT DE LOUIS XIII. Lég. *Ludovico justo parente optime merito.* Ex. *Obüt XIV maii* 1643. Module 3o lignes.

RÈGNE DE LOUIS XV.

1. BUSTE DE LOUIS XV.—Rev. Le Commencement du Règne. Lég. *Et latet et lucet.* Ex. 1716. Mod. 3o lig.

2. BUSTE DE LA DUCHESSE D'ORLÉANS.—Rev. Cybèle. Lég. *Dis Genita et Genitrix deum.* Ex. 1717. Mod. 3o lig.

3. BUSTE DU RÉGENT.—Rev. Pose de la 1ʳᵉ pierre de

Saint-Sulpice. Inscription. *Civibus opes regi tro-
phaeaDeo aras.=d. s. sulpitii basilicae hunc lapidem posuit* 1719. Mod. 18 lig.

4. BUSTE DE LOUIS XV.—Rev. Inscription. *Ludovico
XV quod ut expleret vota civium d. Joannis
Bapt. festivitati interesse in basilica Parisiensi
ibique comiter cænare voluerit præfecto minist.
ædilibus astantib. XXIII junii* 1719. *üdem æter-
num hoc amoris et obsequii pignus.* Mod. 3o et
18 lig.

5. BUSTE DE LA DUCHESSE D'ORLÉANS.—Rev. Inscription. *Maria Francisca Borbonia Aurelianensium
ducissa Philippi regentis uxor hujusque pagi
Balneonensis basilicum*, etc. 1722. Mod. 18 lig.

6. Prix de l'Art dramatique. Lég. *Et qui nascentur
ab illis.* Ex. *Dramatis præmium institt. an.* 1758.
—Rev. Inscription. *Præmium in regia inscrip-
tionum et humaniorum litterarum Academia
constitutum. anno.* 1733. Mod. 24 lig.

7. Prix de l'Académie. Inscription. *Auspiciis Ludovici XV præmium solemne in regia inscript. et
human. litter. Academia constitutum anno* 1754.
Lég. *Promovendo veterum monumentorum studio.*
Mod. 26 lig.

8. BUSTE DE LOUIS XV.—Rev. Inscription sur la statue de la place Louis XV. *Principi optimo ob
quæsitam victoriis pacem equestrem statuam,*
etc. 1754. Mod. 18 lig.

9. Prix d'histoire naturelle. Lég. *Historiæ naturalis incremento*. Ex *Petrus Adamoli de patria bene merit. præmium inst.* 1769. Mod. 22 lig.

10. Armoiries de la province du Languedoc. Lég. *Comitia Occitania.* 1769. Mod. 26 lig.

11. Prix de l'Académie de Peinture et de Sculpture. Lég. *Scholæ augustæ.* Ex. *Præm. in regia pict. et sculpt. acad. adsignant.*

12. Prix de l'Académie française. Lég. *Non una fronde coronat.* Ex. *Acad. franc.* Mod. 22 lig.

13 Prix de poésie. 1717. Inscription. *A l'Immortalité, l'Académie française.*

14. Prix universel des Arts. Lég. *Certamen oecumenicum.* Ex. *Vicit... Anno...* — Rev. Deux hommes se donnant la main. Lég. *Honos. et virtus.* Mod. 22 lig.

15. Les Armes de la ville de Paris. — Rev. Inscription. *Equiti sclopetario victori primum præmium urbs præbet.* Mod. 30 lig. et 26.

16. Buste de Fouquet de Belle Isle. Rev. Inscription. *Ch. Louis Aug. Fouquet de Belle Isle pair et Maréchal de France minis. et secrét. d'Etat et de la guerre*, etc. Mod. 22 lig.

17. Buste de Coypel. Lég. *Ant. Coypel. regis et regent. pictor reg. pict. et sculpt. acad. rector.* — Rev. La Peinture. Lég. *Natura invidet arti.* Mod. 20 lig.

18. Buste de Armand de Villars. Lég. *Arm. hon. dux de Villars fr. par. prov. gub.*—Rev. Prix de l'Académie de Marseille. Lég. *Doctarum præmia frontium.* Ex. *Litter. scient. et artium. Academ. Massil.* Mod. 22 lig.

19. Buste de Hector de Villars. Lég. *L. Hec. d. de Villars fr. et m. generalis.*—Rev. Inscription. *Præmium Academiæ Massiliensis.* Mod. 22 lig.

20. Armoiries de Montesquieu. Lég. *C. L. secondat. de Montesquieu S. B. Praes. inf. a. S. O.*—Rev. L'Académie de Bordeaux. Lég. *Crescam et lucebo.* Ex. *Burd. Acad. præmium.* Mod. 22 lig.

21. Buste du Duc de Chartres, ou les Armes de la Maison d'Orléans.—Rev. * Inscription pour la pose de la 1ʳᵉ pierre du frontispice de Saint-Eustache. *Ejusd. ecc. Sᵗⁱ. Eust. paroc. J. F. R. Secousse doc. theolog. Paris ædituis honorariis L. Phelypeaux C. a Sᵗᵒ. Florent. regni administro,* etc. Mod. 18 lig.

---

* Cette Médaille avait pour revers les armes de la Maison d'Orléans, au-dessus desquelles était une inscription. Le coin n'existe plus, et l'on peut y suppléer par les deux ci-joints.

RÈGNE DE LOUIS XVI.

1. BUSTE DE LOUIS XVI.—Rev. Inscription. *Les six Corps des Marchands présentés par le duc de Brissac ont complimenté le Roi et la Reine sur leur avènement à la couronne le 10 juin 1774.* Mod. 22 lig.

2. BUSTE DE MONSIEUR FRÈRE DU ROI. Lég. *Ludovicus Stanislas Xavierus anno 1785.* Ex. *Invitat prœtiis animos et prœmia ponit.* Mod. 16 lig.

3. Assemblée du Tiers - Etat de la Franche - Comté. Ex. *Les Gens du Tiers - Etat de la Franche-Comté assemblés le 26 novembre 1788.*—Rev. Inscription. *Sequani civi vesuntino consultissimo D°. Dyon°. ferro* blanc. Mod. 22 lig.

4. Etablissement de la Mairie de Paris. Inscription. *Etablissement de la Mairie de Paris.* Lég. *J. Silvian Bailly premier maire élu le 15 juillet 1789.* Mod. 22 lig.

5. L'Assemblée des Notables. Inscript. *Conventus Nobilium Parisiensium.* Lég. *Legi Regique fideles.* Ex. *Lutetia maio 1789.* Mod. 18 lig.

6. L'Arrivée du Roi à Paris. Lég. *J'y ferai désormais ma demeure habituelle*. Ex. *Arrivée du Roi à Paris le 6 octobre* 1789. Mod. 22 lig.

7. La Fédération. Lég. *A la Patrie*. Ex. *A Paris le 14 juillet* 1790. — Rev. Inscription. Confédération des Français. Mod. 18 lig.

8. Prix de l'Académie de Chaalons. Mod. 24 lig.

9. Prix de l'Académie des Belles-Lettres Siences et Arts d'Amiens. Mod. 24 lig.

10. Buste de Duvivier. Lég. *Joann. Duvivier. nat. Leod.* 1687. *ob. Paris* 1761.—Rev. Inscription. *Parenti Cariss. numismatum incisori eximio reg. picturæ et sculpt. Academiæ Paris. socio hocce. pietatis monum. P. S. B. Duvivier fil. et alumnus Cæl. et Cons.* Mod. 18 lig.

RÈGNE DE LOUIS XVIII.

EN 18 LIGNES.

1. BUSTE DE BARTHÉLEMY. Lég. *J. Jac. Barthelemy nat. Cassici in provinc. 1716, obüt. Paris 1795.* —Rev. Inscription. *Viro rei antiquariæ peritissimo phæn. et palmyr. lingg. elementor. restitutori,* etc.

2. BUSTE DE L'ABBÉ DE L'EPÉE. Lég. *Ch. Michel de l'Epée né à Versailles 1712, mort à Paris 1789.* Rev. Inscription. *Au Génie inventeur de l'Art d'instruire les sourds et muets dans les sciences et les arts 1801.*

3. BUSTE DE DAVID LEROY. Lég. *J. David Leroy membre de l'Institut nation. de France né en 1724 mort en 1803.*—Rev. Une Colonne. Lég. *Voté par les Architectes ses élèves.* Ex. *Paris an XI.*

4. La Vaccine. Ex. *La Vaccine 1804.* Revers lisse à couronne.

5. La Monnaie des Médailles rétablie. Lég. *Rerum. Gest. fidei. et. ætern.* Ex. *Æ. a. a. f. f.*—Rev. lisse à couronne.

6. Visite du Pape à la Monnaie des Médailles. Buste du Pape. Lég. *Pius VII. pont. max.* — Rev. Inscription. *En janvier 1805. S. S. Pie VII a visité la Monnaie des Médailles.*

7. BUSTE DE L'ABBÉ DE L'EPÉE. — Rev. Inscription. *Offert au souv. pont. Pie VII par les Administrateurs de l'instruction des sourds et muets lors de la visite de Sa Sainteté. Paris 23 février 1805.*

8. Les Ecoles de Médecines. Lég. *Ecoles de Médecine.* —Rev. lisse à couronne.

9. Visite du Prince Electoral de Bade à la Monnaie des Médailles. Inscription. *En mars 1806 le Prince Electoral de Bade a visité la Monnaie des Médailles.*—Rev. lisse à couronne.

10. Le Canal de l'Ourcq. Ex. *Urca Parisios reducta. IV augusti 1809.*

11. Visite du Roi de Saxe à la Monnaie des Médailles. Buste du Roi de Saxe. Lég. *Frédéric Auguste Roi de Saxe.*—Rev. Inscription. *S. M. le Roi de Saxe visite la Monnaie des Médailles en décembre 1809.*

12. Visite de LL. MM. le Roi et la Reine de Bavière à la Monnaie des Médailles. Bustes du Roi et de la Reine de Bavière accolés.—Rev. Inscription. *LL. MM. le Roi et la Reine de Bavière visitent la Monnaie des Médailles en février 1810.*

13. Les Orphelines de la Légion-d'Honneur. Ex. *Or-phelines de la Légion-d'Honneur, 1810.*—Rev. lisse à couronne.

14. Le Canal de Mons à Condé. Lég. *Canal de Mons à Condé.* Ex. *Le Commerce de département de Jemmappes 1813.*—Rev. lisse à couronne.

15. Mariage du Duc de Berri.

16. La Ville d'Orléans à Stanislas Gerardin. Buste de Louis XVIII. Lég. *Louis XVIII Roi de France et de Nav.*—Rev. Inscription. *La Ville d'Orléans à Nicolas Gerardin de la famille dè Jeanne d'Arc pour avoir par un louable désintéressement conservé à la France la maison où naquit la Pucelle d'Orléans. 1818.*

17. Visite de LL. AA. RR. le Prince et la Princesse de Dannemarck. Armoiries de LL. AA. RR. Lég. *LL. AA. RR. le Prince et la Princesse de Dannemarck visit.^t la Mon.^cie des Médailles 1822.*—Rev. Des Amours tressant une couronne.

18. BUSTE DU DUC D'ANGOULÊME. Lég. *Ludovicus. Antonius. Engolismensis dux.*—Rev. Inscription. *Ludovico. jubente augustæ stirpis gloria Antonius virtute armis rebelles debellavit Hispaniæ liberator Ferdinandum regem restituit 1er oct. 1823.*

19. Prise du Trocadéro. Buste du Prince de Carignan. Lég. *Ch.^s Am.^r Alb.^t de Savoie Prince de Carignan.* — Rev. Inscription. *Les régimens de la*

garde royale ont offert au *Prince de Carignan* les épaulettes de grenadier. Lég. *Prise du Trocadero le 31 août 1823.*

20. Visite du Prince de Carignan à la Monnaie des Médailles. Armes du Prince. Lég. *Ch.^{es} Am.^e Alb.^t de Savoie Prince de Carignan visite la Monnaie des Médailles le 7 janvier 1824.* — Rev. La Monnaie des Médailles.

21. Visite de dom Miguel à la Monnaie des Médailles. Ses Armes. Lég. *Dom Miguel infant de Portugal visite la Monnaie Royale des Médailles le 28 juillet 1824.* — Rev. La Monnaie des Médailles.

RÈGNE DE CHARLES X.

EN 18 LIGNES.

---

1. Visite de S. A. R. MADAME à la Monnaie des Médailles. Buste de MADAME. Lég. *M.^{ie} Carol.^{ne}
Fer.^{de} L.^{se} Duchesse de Berri.*—Rev. *S. A. R.
Madame Duchesse de Berri visite la Monnaie
des Médailles le 22 juillet* 1825.

2. Visite de S. A. R. le Prince de Salerne à la Monnaie
des Médailles. Buste du Prince. Lég. *Léopold Jean
Prince de Salerne.* — Rev. *S. A. R. le Prince de
Salerne visite la Monnaie Royale des Médailles.*
Ex. 22 *juillet* 1825.

FIN DU SUPPLÉMENT.

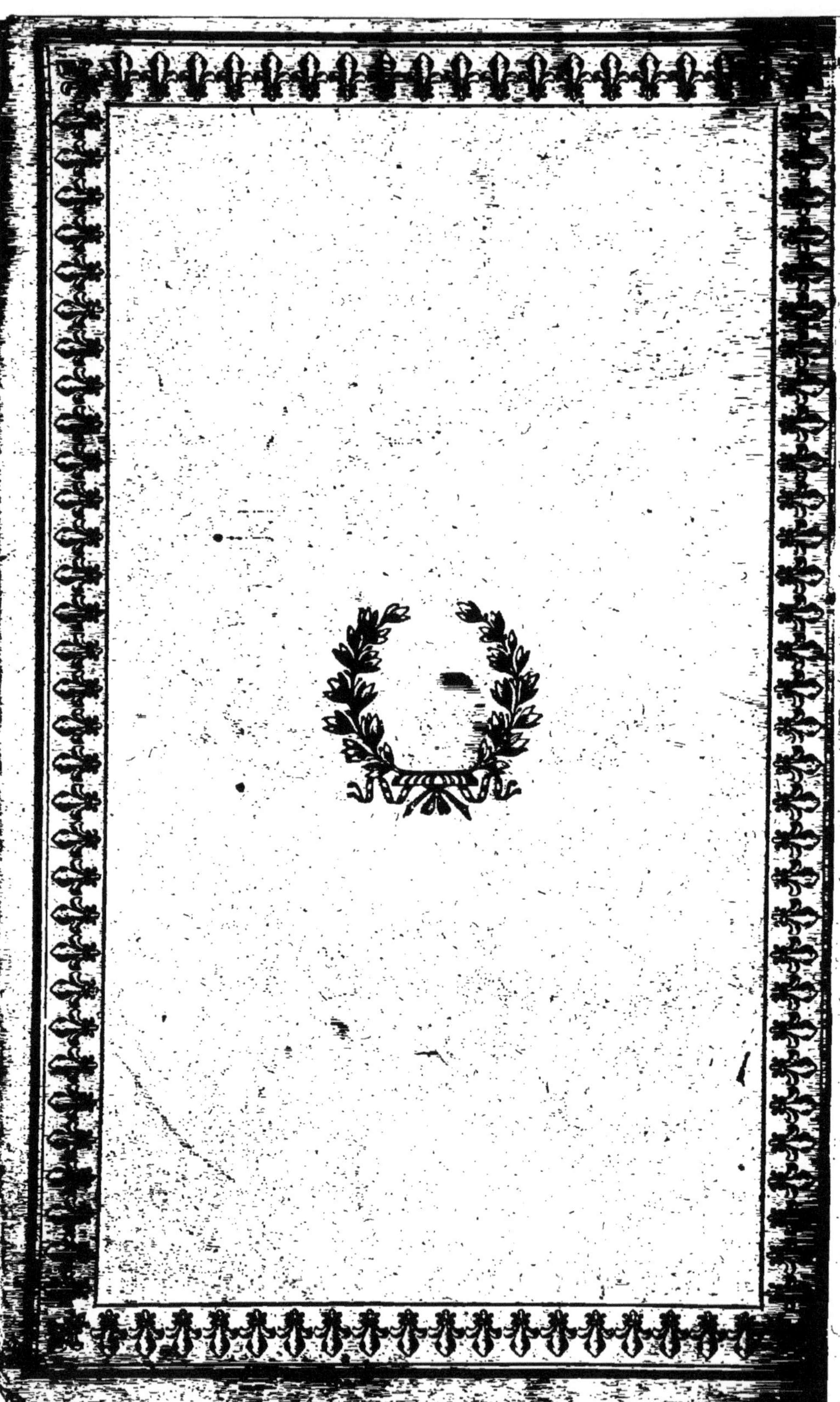